Temu

跨境电商
底层运营实战精要

刘泽贤　著

电子工业出版社·
Publishing House of Electronics Industry
北京·BEIJING

内 容 简 介

本书是一本系统化、实战化的跨境电商运营指南，聚焦 Temu（拼多多国际版）平台的运营策略与实操技巧，从跨境电商行业背景、平台底层运营逻辑、选品方法论、商品上架优化、库存管理、营销推广等多个维度，深入剖析了 Temu 平台的运营规则与实战经验，帮助卖家快速掌握平台玩法，提升运营效率与盈利能力。

本书不仅详细解读了 Temu 的全托管与半托管模式，还提供了大量实操案例和数据支撑，涵盖商品信息创建、流量获取、竞价策略制定、物流优化等关键环节。同时，本书结合行业趋势，对比亚马逊、速卖通、SHEIN、TikTok Shop 等主流跨境电商平台的异同，帮助卖家制定更具竞争力的运营策略。

本书适合跨境电商从业者、Temu 平台卖家、供应链从业者、电商运营人员、工厂相关人员、贸易商和投资机构从业者，以及对跨境电商感兴趣的个人阅读。无论是新手，还是资深卖家，都能从本书中获得实用的运营思路和可落地的执行方案。

图书在版编目（CIP）数据

Temu 跨境电商底层运营实战精要 / 刘泽贤著.

北京 ： 电子工业出版社，2025. 8. -- ISBN 978-7-121
-50945-2

Ⅰ. F713. 365.1

中国国家版本馆 CIP 数据核字第 2025C5V357 号

责任编辑：石　悦

印　　刷：三河市鑫金马印装有限公司

装　　订：三河市鑫金马印装有限公司

出版发行：电子工业出版社

　　　　　北京市海淀区万寿路 173 信箱　　　　邮编：100036

开　本：720×1000　1/16　印张：17　　　字数：272 千字

版　次：2025 年 8 月第 1 版

印　次：2025 年 8 月第 1 次印刷

定　价：79.00 元

前　　言

　　跨境电商行业近年来发展迅猛，全球电商市场的竞争格局在不断变化。Temu（拼多多国际版）凭借其独特的"低价+全托管"模式，在全球市场崭露头角，成为跨境电商领域的一匹黑马。对于卖家而言，Temu 凭借其"低门槛、高流量"的特点，吸引了越来越多中国出海创业者的关注。然而，随着平台规则日益复杂、竞争加剧，许多卖家在运营过程中面临选品难、流量获取难、利润被压缩等问题。本书的出版，正是为了帮助卖家系统化掌握Temu 的运营逻辑，在激烈的市场竞争中脱颖而出。

　　提笔撰写本书的缘起，是我在与众多跨境卖家的交流中发现，很多新手和有经验的电商人士在进军 Temu 时，都会有各种痛点：平台规则变化频繁、选品策略不够合理、备货与库存管理失误，甚至因对物流、价格机制缺乏准确理解，导致后续操作困难重重……运营中的跌跌撞撞和高昂的试错成本，让许多卖家错失市场先机，甚至失去信心。与此同时，跨境电商市场竞争日趋激烈，如果仅仅依靠价格战，那么终会疲于应对，建立独特的竞争壁垒迫在眉睫。

　　带着"要帮助卖家少走弯路"的初心，我开始撰写本书。我的职业背景和创业经历，让我对跨境电商和平台运营有着深刻的理解。作为一个在字节跳动和阿里巴巴积累了多年平台运营经验的从业者，我深知流量算法在电商竞争中的重要性；作为一名连续创业者，我清楚资金、资源和时间如何在业务运营中被最大限度地合理利用。因此，本书不仅包含 Temu 运营的知识，还融入了我对团队管理、创业破局的方法论提炼。

本书的特色在于实用性和系统性兼备。从新手的基础操作到卖家全流程精细化运营，从选品的科学方法到复杂物流和标品竞价的拆解，本书力图用通俗的语言和实例化的案例，为读者还原真实的跨境电商运营场景，并提供各阶段的系统化解决方案。同时，本书注重行业趋势与逻辑的提炼，希望突破单一的实操技巧，帮助读者掌握跨境电商平台的"底层运营逻辑"，敏捷应对市场变化。

我坚定地相信，跨境电商不只是流量生意，更是认知生意。平台在变化，市场在变化，卖家唯一可以把握的是自己的学习与成长。希望本书能够成为所有 Temu 卖家经营路上的运营手册与策略指南，也期盼它能为中国卖家抓住国际市场红利、讲好中国制造故事贡献一份力量。

本书的完成离不开曾与我并肩作战、深度对话的朋友和卖家，他们向我分享了大量实践经验，让本书内容更具指导性与实战性。同时，感谢支持我的家人和团队，他们的理解让我可以沉下心来完成本书的创作。欢迎读者与我交流，与我探讨跨境电商的最新趋势与实战技巧。

跨境电商的大潮浩浩荡荡，路虽远，行则将至。希望我们都能在跨境电商的浪潮中，找到属于自己的光亮和未来。

目　　录

第1章　深度解读跨境电商 ································· 1

1.1　跨境电商出口总体情况 ························· 1

1.1.1　拼多多国际版（Temu） ················· 3

1.1.2　亚马逊（Amazon） ···················· 4

1.1.3　速卖通（AliExpress） ················· 5

1.1.4　希音（SHEIN） ······················ 5

1.1.5　TikTok Shop ························· 6

1.2　电商平台底层运营逻辑 ························· 7

1.3　新卖家出海的正确发展路径 ··················· 11

第2章　认识跨境电商平台 Temu ···················· 13

2.1　Temu 适合哪些人 ···························· 13

2.1.1　全托管模式的适合人群 ················ 13

2.1.2　半托管模式的适合人群 ················ 14

2.2　做 Temu 运营需要的启动资金 ················· 15

2.3　三种角色的不同运营策略 ····················· 17

2.3.1　工厂 ······························· 17

2.3.2　贸易商 ····························· 18

2.3.3　副业卖家 ··························· 18

2.4　店铺类型选择：杂货铺和垂直店铺 ············· 19

2.5　经营模式选择：全托管模式和半托管模式 ······· 21

2.5.1　什么是全托管模式 ··················· 21

2.5.2 什么是半托管模式 ·· 22

2.5.3 全托管模式 vs 半托管模式 ··· 23

2.6 Temu 的入驻费用 ·· 24

第 3 章 跨境卖家中心后台操作精要讲解 ··························· 26

3.1 不同主体的注册差异及要求 ·· 26

3.2 注册流程详解 ··· 27

3.3 跨境卖家中心后台登录 ··· 33

3.4 卖家课堂 ·· 35

3.5 消息中心 ·· 36

3.6 商品创建与备货 ·· 36

3.7 商品库存管理 ·· 47

3.8 Q&A 配置与优化 ··· 49

3.9 订单处理 ·· 50

3.10 商品品质管理 ·· 51

3.11 跟价与竞价 ·· 55

3.12 评价与售后 ·· 57

3.13 合规中心 ·· 59

第 4 章 高效选品的底层思维与方法 ································· 61

4.1 选品：Temu 运营的核心 ·· 61

4.2 常见类目分析 ·· 62

4.3 如何评估商品的风险 ·· 64

4.3.1 商品合规认证风险 ··· 64

4.3.2 商品知识产权风险 ··· 66

4.4 三种运营模式：精品、精铺和铺货 ······························· 70

4.4.1 精品模式 ·· 71

4.4.2 精铺模式 ·· 72

4.4.3 铺货模式 ·· 72

4.5 新卖家的选择 ·· 72

4.6 选品要注意的 9 个方面 ·· 73

4.7 什么是抛货 ·· 76

4.8 为什么感觉选品很难 ·· 77

4.9　商品竞争力分析 ……………………………………………… 78
　　4.9.1　商品竞争力的关键指标 ……………………………… 78
　　4.9.2　商品卖不动的原因 …………………………………… 80
4.10　商品销量来源分析 ………………………………………… 82
4.11　高效选品的 8 种方法 ……………………………………… 85
　　4.11.1　平台榜单选品法 ……………………………………… 85
　　4.11.2　关键词选品法 ………………………………………… 89
　　4.11.3　店铺参考借鉴法 ……………………………………… 97
　　4.11.4　优势产业带选品法 …………………………………… 98
　　4.11.5　活动与节日选品法 …………………………………… 101
　　4.11.6　线下选品法 …………………………………………… 103
　　4.11.7　社交媒体选品法 ……………………………………… 105
　　4.11.8　众筹平台选品法 ……………………………………… 110
4.12　商品组合 …………………………………………………… 111
　　4.12.1　商品组合的常见误区与陷阱 ………………………… 112
　　4.12.2　商品组合的正确思路 ………………………………… 114

第5章　备货逻辑与库存管理 …………………………………… 118
5.1　全托管模式卖家发货流程 …………………………………… 118
5.2　半托管模式卖家发货流程 …………………………………… 121
　　5.2.1　创建与管理发货仓库 ………………………………… 122
　　5.2.2　设置运费及可配送区域 ……………………………… 123
　　5.2.3　订单的状态与操作 …………………………………… 125
　　5.2.4　卖家自发货与运单导入 ……………………………… 128
　　5.2.5　如何修改物流单号 …………………………………… 129
　　5.2.6　如何批量发货 ………………………………………… 131
　　5.2.7　如何拆单发货或合并发货 …………………………… 131
　　5.2.8　后台在线下单并发货 ………………………………… 133
5.3　全托管模式商品备货与包装 ………………………………… 137
　　5.3.1　商品高效自主质检 SOP ……………………………… 137
　　5.3.2　商品退供的 5 大主要原因 …………………………… 138
　　5.3.3　说明书的合规要求及制作方法 ……………………… 139
　　5.3.4　5 倍罚款真的不合理吗 ……………………………… 142

5.3.5　如何从部分站点下架 ··· 144

5.4　半托管模式下的主要履约规则与申诉方法 ·························· 145

5.5　商品标签规范 ··· 148

5.5.1　商品需要的标签标识 ·· 149

5.5.2　商品标签的合规要求 ·· 156

5.5.3　商品标签不合规的示例 ··· 160

5.5.4　标签制作及注意事项 ·· 164

第 6 章　完美商品的打造方案 ··· 167

6.1　商品的"两道关"：算法和客户 ·· 167

6.2　从算法和客户视角打造完美商品 ·· 169

6.2.1　商品打造之一：商品标题 ·· 169

6.2.2　商品打造之二：商品图片 ·· 174

6.2.3　商品打造之三：商品视频 ·· 185

6.3　在什么情况下进行商品优化 ··· 187

6.4　在什么情况下不必进行商品优化 ·· 188

第 7 章　多维度的 Temu 运营方法与技巧 ·································· 189

7.1　Temu 的商品流量来源分析及关键策略 ································ 189

7.1.1　站外流量 ··· 189

7.1.2　站内流量 ··· 190

7.2　SKU ··· 195

7.2.1　什么是 SKU ·· 195

7.2.2　巧用 SKU 占据"资源位" ·· 196

7.2.3　核价不及预期是否上架 ··· 197

7.2.4　新增 SKU 的注意事项 ··· 199

7.3　哪些行为会被判定为低价引流 ·· 199

7.4　哪些行为会被判定为重复铺货 ·· 201

7.5　销量下降的原因及应对策略 ··· 204

7.6　AI+POD 模式：差异化创造高利润 ····································· 208

第 8 章　巧用营销工具，做好进攻与防守 ·································· 211

8.1　Temu 营销工具的作用 ··· 211

8.2　Temu 活动报名流程 ···················· 212

8.3　Temu 活动 ···························· 213

　　8.3.1　清仓甩卖 ······················ 213

　　8.3.2　限时秒杀 ······················ 215

　　8.3.3　官方大促 ······················ 217

　　8.3.4　限时活动 ······················ 218

　　8.3.5　商品无法报名参加活动的原因 ········· 219

8.4　流量增长功能 ························· 219

8.5　优惠券的用法 ························· 220

第 9 章　Temu 后台工具 ······················ 223

9.1　商品图片翻译 ························· 223

9.2　视频音频翻译与替换助手 ················· 224

9.3　商业化图片生成 ······················· 225

9.4　商机探测器 ·························· 227

　　9.4.1　Goods ID ······················ 228

　　9.4.2　搜索细分市场 ···················· 229

　　9.4.3　搜索商品 ······················ 231

第 10 章　Temu 的底层机制 ···················· 234

10.1　Temu 的五级流量机制 ·················· 234

10.2　全托管模式和半托管模式的核价逻辑 ·········· 235

10.3　如何推算竞品的申报价 ·················· 236

10.4　Temu 有没有店铺权重 ·················· 237

10.5　如何提高链接权重 ···················· 238

10.6　Temu 前端价格波动逻辑 ················· 241

第 11 章　海外仓的成本构成与滞销处理 ·············· 243

11.1　认识海外仓 ························· 243

11.2　海外仓的费用结构 ···················· 244

　　11.2.1　基础仓储费用 ··················· 244

　　11.2.2　头程运输费用 ··················· 245

　　11.2.3　关税费用 ····················· 246

11.2.4 尾程运输费用 ································· 246

11.2.5 增值服务费用 ································· 247

11.3 海外仓滞销商品的处理办法 ····················· 248

第 12 章 Temu 从业者的个人成长法则 ·············· 249

12.1 是创业还是打工 ····························· 249

12.2 怎么选择适合自己的公司 ····················· 250

12.2.1 城市选择 ································· 250

12.2.2 公司规模 ································· 251

12.2.3 公司模式 ································· 253

12.3 运营新人的四重成长阶段 ····················· 253

第 13 章 团队管理与薪酬绩效 ···················· 256

13.1 运营团队的高效组建方法 ····················· 256

13.2 绩效设计与薪酬体系 ························· 258

13.2.1 工资发不好，员工容易跑 ··················· 258

13.2.2 绩效设置的 3 大注意点 ···················· 259

第 1 章

深度解读跨境电商

1.1 跨境电商出口总体情况

在全球贸易格局不断演变的当下，传统外贸与跨境电商呈现出截然不同的发展趋势。传统外贸依赖大规模的集装箱运输和线下交易模式，在全球供应链稳定的时期发挥着中流砥柱的作用。然而，近年来，贸易保护主义抬头、全球经济增速放缓及物流成本不断攀升，都给传统外贸带来了巨大的挑战。传统外贸企业不得不寻求转型，以适应日益复杂的市场环境。

与传统外贸形成鲜明对比的是，跨境电商凭借其数字化、便捷化的交易模式，在全球范围内迅速崛起。随着互联网技术的普及和客户购物习惯的转变，跨境电商打破了传统外贸的时空限制，让中小企业甚至个人卖家都能参与全球贸易，市场规模持续扩大，成为推动国际贸易增长的新引擎，也成为我国进出口贸易的重要组成部分。

我国的跨境电商起步于 20 世纪 90 年代末，最初的形式主要是一些外贸企业通过简单的网页展示商品信息，并借助电子邮件进行沟通洽谈，交易环节相对烦琐，主要以 B2B 模式为主，服务对象也多是国外的大型采购商。随着互联网技术不断进步，支付、物流等配套体系逐步完善，如今的跨境电商已经发展成为涵盖 B2B、B2C、C2C 等多种模式，平台类型丰富多样，交易流程便捷高效的成熟产业。

在跨境电商出口方面，我国主要的出口国家或地区包括美国、欧盟、英国、俄罗斯等。其中，美国和欧盟凭借其发达的经济和成熟的电商市场环境，依然占有绝对优势，是大部分跨境电商卖家的主要目标销售地。东南亚、中东和拉美等新兴市场人口众多，消费潜力巨大，相对来说竞争没有那么激烈，其随着配套体系的成熟，近年来逐渐成为我国跨境电商卖家业务拓展的新增长点。

我国跨境电商卖家主要出口的商品集中在 3C 电子、服装服饰、家居园艺、美妆个护、户外用品、母婴玩具等品类。通过对这些品类分析，我们不难发现它们大多属于功能性商品，即客户在购买决策时，往往更侧重于商品的功能属性。对于初涉跨境电商，还未明确具体经营商品的卖家而言，在选品时，应着重选择具有这一特性的商品，从而提高在跨境电商领域成功的概率。

全球跨境电商的主流平台众多，老牌平台如亚马逊，以其严格的规则、庞大的客户群体和完善的物流体系，在全球电商市场占据重要地位，其主要采用 B2C 模式。eBay 则以拍卖和一口价的销售方式闻名，B2C 模式和 C2C 模式兼而有之。Wish 专注于移动端购物，通过个性化推荐算法，为客户提供精准的商品推荐，主要面向欧美市场，以 B2C 模式为主。

近年来兴起的中国出海"四小龙"，Temu、SHEIN、TikTok Shop 和速卖通各具特色。Temu 以全托管模式和低价策略迅速打开国际市场，吸引了大量追求性价比的客户；SHEIN 在时尚领域深耕多年，以快时尚服装为主打商品；TikTok Shop 依托短视频社交平台 TikTok 的强大流量，通过直播带货等形式，为卖家提供了全新的销售渠道；速卖通则被广大卖家称为"国际版淘宝"，在新兴市场具有较高的市场份额。

1.1.1　拼多多国际版（Temu）

Temu，即拼多多国际版，于 2022 年 9 月，以"Team up，Price down"为口号，在北美市场正式开启了它的海外征程。

Temu 借鉴了拼多多在国内电商领域积累的经验，以"低价+营销"的策略组合，以及强大的宣传攻势和极具冲击力的价格，在海外市场崭露头角。

Temu 凭借其极低的单价（像 1.99 美元的手机数据线、0.99 美元的珠宝戒指）吸引了大量的客户。Temu 针对新客户还推出了一系列极具吸引力的多重补贴政策。这些在国内电商屡见不鲜的玩法，在海外市场却形成了"降维打击"，使得 Temu 的链接在海外各类社交平台和自媒体平台广泛传播，迅速实现了客户数量爆发式的增长。

Temu 最初采用全托管模式。在这种模式下，卖家将商品发送至 Temu 指定仓库，后续商品销售、物流配送、客户服务等环节均由平台负责。这种高度集成化的运营模式，极大地降低了传统跨境电商运营的难度和复杂性，吸引了大量卖家入驻。随着卖家数量不断增多，平台商品种类也得到了进一步丰富。同时，Temu 凭借自身强大的资源整合能力，在物流配送和市场推广等方面，通过规模效应，进一步降低运营成本，从而为客户提供性价比更高的商品。

随着 Temu 自身业务体量的不断增加和市场影响力的逐步扩大，为了进一步提升配送时效，丰富平台生态体系，Temu 在 2024 年 3 月推出了半托管模式。在半托管模式下，卖家拥有了更多的自主经营权。

当前，Temu 正处于快速发展的黄金时期，对卖家的入驻门槛较低，且不收取任何佣金，大大降低了卖家的运营成本和风险。然而，由于 Temu 成立时间较短，仍在不断探索和完善的过程中，平台的规则和政策变化较为频繁，卖家需要时刻关注平台变化，并及时调整运营策略。同时，随着越来越多的卖家的涌入，平台的竞争逐渐加剧，单纯依靠价格竞争的运营模式将难以为继，卖家需要从供应链、商品质量及品牌建设等方面下功夫，逐渐打造自己的核心竞争力。

尽管存在挑战，但不可否认的是，Temu 作为一个新兴的跨境电商平台，依然有着巨大的红利期。平台庞大的客户基础和不断完善的运营模式，为跨境电商卖家提供了广阔的发展空间。

1.1.2 亚马逊（Amazon）

亚马逊诞生于 1994 年，由杰夫·贝索斯创立，起初只是一家在线销售图书的平台。在创立初期，亚马逊凭借丰富的图书品类与便捷的线上购物体验，迅速吸引了大批读者。随着互联网的发展，亚马逊不断拓展业务边界，从单一的图书销售，逐步涵盖了电子、家居、服饰、美妆等几乎所有品类，发展成为全球知名的电子商务巨头。

在全球电商市场，亚马逊的规模堪称惊人。其业务范围覆盖全球多个国家或地区，拥有数以亿计的活跃客户。这些客户有着不同的文化背景和消费层次，共同构成了亚马逊庞大而多元的客户群体。

亚马逊采用自营与第三方卖家入驻相结合的运营模式，并投入巨资建设了遍布全球的物流中心和仓储设施，打造了高效的物流配送网络。亚马逊为第三方卖家提供了包括 FBA（Fulfillment by Amazon，亚马逊物流服务）在内的一系列服务，卖家可以将商品存储在亚马逊的仓库，由亚马逊负责后续的分拣、包装、配送及客户服务等工作。这种模式不仅减轻了卖家的运营负担，还让卖家借助亚马逊强大的品牌影响力和物流优势，提升了销售业绩和客户满意度。

在服务方面，亚马逊的 Prime 会员服务堪称行业典范。Prime 会员可以享受诸多特权，其中最具吸引力的是免费的快速配送服务，包括两日达甚至当日达，大幅缩短了客户的购物等待时间。此外，Prime 会员还能免费观看海量的影视作品、电子书等数字内容。

然而，随着全球电商市场的不断发展和变化，亚马逊也面临着日益激烈的竞争。其中，以 Temu 为代表的新兴电商平台，正以其独特的商业模式冲击着亚马逊的市场地位。

面对这些挑战，亚马逊做出了积极的变革。例如，在主站开辟低价板块，推出低价电商平台 Haul，直接与 Temu 等新兴电商平台展开价格竞争。

1.1.3　速卖通（AliExpress）

速卖通自 2010 年上线以来，业务覆盖全球 220 多个国家或地区，成为中国跨境电商的重要力量，吸引着众多卖家入驻。

速卖通卖家可以选择直营、半托管、全托管和 POP 店等多种店铺类型。速卖通的入驻门槛较低，无论是中小企业还是个人卖家，都能在平台上开设店铺，发布商品。

速卖通还与菜鸟网络深度合作，推出无忧物流服务，提供揽收、运输、清关、配送及物流信息追踪等一站式解决方案，降低卖家物流管理成本，并推出了"全球 5 日达"国际物流快线商品。

速卖通也为买家提供了多项保障措施，推出了"买家保障计划""物流时效保障"等。为了适应全球不同国家或地区买家的支付习惯，速卖通还支持信用卡、PayPal、支付宝国际版等多种支付方式。

1.1.4　希音（SHEIN）

SHEIN 诞生于 2008 年，起初只是一家专注于婚纱礼服销售的小型线上企业。随着互联网在全球范围内的普及和客户对个性化时尚需求的增长，SHEIN 逐步拓展业务，迅速成为全球领先的时尚跨境电商平台。

SHEIN 的业务范围已覆盖全球 150 多个国家或地区，在欧美、中东及东南亚等地区都拥有庞大的忠实客户群体。

在欧美市场，SHEIN 凭借紧跟当地时尚潮流的设计和高性价比的商品，成功地吸引了追求时尚且注重性价比的年轻消费群体；在中东地区，SHEIN 针对当地的文化习俗和审美偏好，推出了一系列符合当地特色的服装款式，深受当地客户的喜爱；在东南亚市场，SHEIN 利用当地电商市场发展迅速的契机，通过与当地物流和支付机构的紧密合作，迅速打开市场，并站稳脚跟。

SHEIN 打造了一套高效的柔性供应链体系，能够快速响应市场需求的变化，从设计、生产到上架销售，整个流程周期极短，能够迅速将最新的时尚款式推向市场。此外，SHEIN 为第三方卖家提供了全托管、半托管及自运营等三种店铺运营模式，既满足了不同卖家的需求，也进一步丰富了 SHEIN 的生态体系。

1.1.5　TikTok Shop

TikTok Shop 于 2021 年正式推出，依托 TikTok 全球超 15 亿名月活客户的庞大流量池，开创了"社交+电商"的全新商业模式，打破了传统电商的运营框架，为跨境卖家带来了不同的销售方式。

TikTok Shop 主要依托于短视频内容"种草"、直播带货和商城购物三大核心场景完成销售。在短视频内容"种草"场景中，卖家通过与创作者建立联系，以短视频来展示商品卖点，并挂上相应的购买链接，在客户浏览过程中悄然"种草"，促成商品的转化成交。直播带货场景则通过实时互动的购物氛围，主播全方位展示商品细节，刺激即时消费。商城购物场景则与传统的货架电商相似，客户可以通过搜索或推荐，快速找到心仪的商品。

TikTok 以其独特的推荐算法，将内容精准推送给可能感兴趣的客户。在这种精准推送下，客户无须刻意搜索，就能在自己的信息流中，看到自己心仪的商品。凭借 TikTok 庞大的客户基数和精准的推荐机制，TikTok Shop 在美国市场推出短短一年，销售额便超越了 SHEIN，展现出了强大的市场竞争力和发展潜力。

TikTok Shop 为卖家提供了全托管和 POP 两种运营模式，并提供多种广告工具，像商品卡广告、短视频广告及全域推广商品等。

作为拥有全球最大流量池的社交电商平台之一，TikTok Shop 不仅是一个简单的销售渠道，还是品牌成长与爆品打造的优质平台。

1.2　电商平台底层运营逻辑

任何电商平台的规则，都会随着外部市场环境、平台战略和技术更新而不断调整迭代，Temu 这类发展迅猛的新兴平台的规则更以月甚至天为单位变化。无论平台的规则、政策如何调整变化，其底层运营逻辑几乎不会改变。卖家只有了解电商平台的底层运营逻辑，才能在遇到平台规则变化、运营问题时，独立做出正确的判断，并进行应对和解决。

从电商平台的角度来看，其算法的核心目的，是在保持合规的前提下，通过流量分配实现平台的效益最大化。对于卖家而言，做电商归根结底就是围绕曝光、点击、转化这三个关键环节展开的。

任何商品，首先不是卖给客户的，而是"卖"给平台的，因为平台如果不给商品曝光机会，客户就无法看到商品。所以，曝光的底层逻辑是效率匹配，平台会通过算法，将有限的流量分配给最可能产生价值的商品。无论是对于搜索排名中的关键词权重，还是对于推荐机制中的客户行为分析，平台的算法都在试图解决一个问题，就是如何用最少的流量"撬动"更高的成交额。卖家要合理地选择商品类目、属性信息及与商品高度相关的关键词，并让这些关键词合理地分布在商品标题、Q&A（问题与答案）和详情页中，从而使商品信息与平台算法相匹配。对于一些竞争激烈的类目，卖家若想在竞争中突围，就必须理解"关键词竞争"的本质：并非所有流量都值得争夺。比如，虽然某些细分长尾词的搜索量低，但是对应的需求明确、转化率高，反而能成为中小卖家的突破口。

笔者经常能够看到一些卖家抱怨 Temu 要求的资质繁多，但在笔者看来，这些有资质要求的类目或商品，看似增加了卖家的运营成本，实则是"流量过滤器"。当多数卖家因资质退却时，有资质的商品反而能获得更高的曝光效率。

有商品成本优势的卖家，可以通过参加平台活动、投放广告来实现对基础算法的"干扰"，增加商品的曝光机会。

在商品成功获得平台的曝光后，卖家要做的就是如何让客户选择并查看他们的商品，提升点击率。

在 Temu 上，点击率主要受到商品主图、价格、销量标识、活动标识等要素的影响，本质上，这就是一场卖家与客户的心理博弈。以 Temu 的活动为例，抛开 Temu 活动给商品带来的曝光量不谈，卖家在报名参加 Temu 活动后，商品上的活动标识本身就有助于提高商品的点击率。

如图 1-1 所示，两款同样的商品，主图也几乎一致，店铺都采用半托管模式，且都有"AD"标识，即都投放了广告，一个参加了活动，并有对应的活动标识，而另一个没有参加任何活动。客户在 Temu 上搜索同样的关键词，点击前者的概率会更高。同时，同样的商品，前者的 ROAS（Return on Ad Spend，广告投资回报）也会更高。笔者查询了两者的销量数据，前者的日均销量确实是后者的 3~4 倍，当然，这和两者的价格也有关系。

对于客户而言，电商的本质就是"比价逻辑"。如果卖家想让自己的商品在同类商品中获得更多点击，就需要找到价格与需求的平衡点。卖家的一个常见误区就是执着于寻找"完美商品"，却忽略了 80% 的消费决策产生于对基本需求的满足。与其追求极致的商品质量，不如回归"客户需求的最小满足点"。

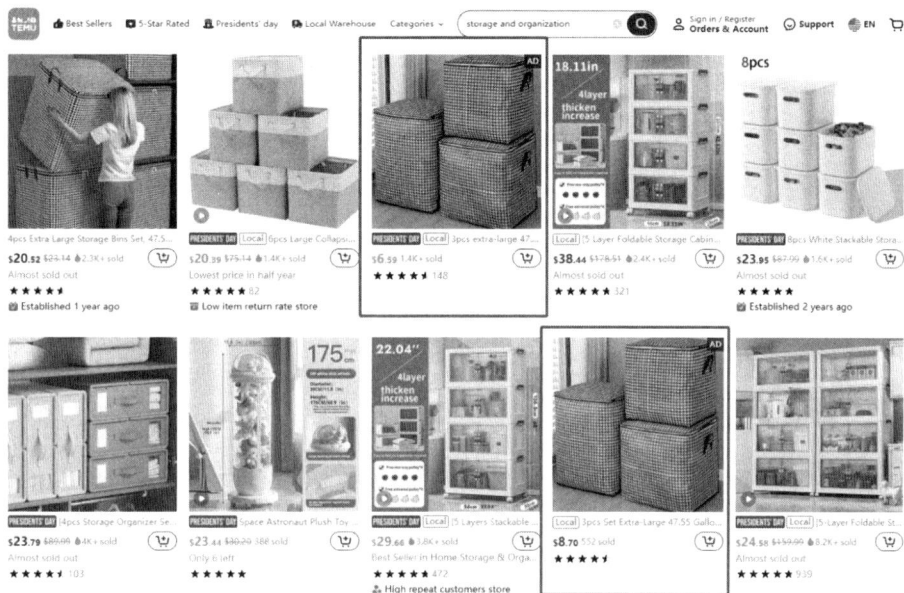

图 1-1

除了具有高溢价的品牌商品，一般情况下，在高等质量商品、中等质量商品和低等质量商品中，客户往往会选择中等质量的，并从中找到看起来价格最低的商品。之所以说是"看起来"价格最低，是因为它和商品的图文详情设计、卖点呈现有关。

例如，在家居类目中，客户对收纳盒的核心诉求是尺寸合适与承重能力达标，而非材质是否达到工业级标准。这种"刚刚好"的选品策略，既能控制成本，又能在价格竞争中占据优势，更容易在同类商品中获得客户的点击。

曝光量和点击率，都是为最后的成交做铺垫的，否则曝光量再大，点击率再高，转化率为 0，终究还是竹篮打水一场空。

Temu 虽然也在做品牌商品的布局，但由于平台的整体运营策略，主打的还是超低价的白牌商品（指没有品牌，或者品牌认知度很低，消费者主要为其功能而付费购买的商品），这也让客户决策的链条被极度压缩。笔者以为，Temu

的平台算法会更关注客户的"行为密度"而非"停留时长",即商品是否能快速转化成交,如果不能,平台就会对该商品逐渐进行降权,减少该商品的流量,反之,若一款商品产生了转化成交,平台就会逐渐增加其流量,甚至将其推为爆款。

以手机壳为例,对于同款商品,一家店铺在商品图片中只是展示了手机壳的图案花色,另一家店铺在商品图片中,除了展示手机壳的图案花色,还提到了上色工艺、防摔等卖点,客户在两家店铺都浏览了的情况下,往往更容易选择后者。找到"人无我有"的卖点,即使对于同款商品,也能有差异化的策略,关键就在于卖家能不能准确地找到卖点,并将其合理地呈现给客户。

讲到这里,其实大家也会发现,曝光、点击、转化三者在平台的算法逻辑中是彼此关联的。算法永远只会奖励那些用低流量成本创造高商业价值的商品。

不同量级的卖家,也要在这套逻辑中找到自己的生存法则。

对于资金有限的中小卖家而言,"测品效率"远比"单品深耕"更重要,不要盲目模仿大卖家的策略,更不要试图去"豪赌",在看到某个头部卖家投入巨资成功地打造某个爆款时,试图将所有筹码一次性押注在某款单品上,结局往往是血本无归。因为你看不到的,是头部卖家背后成熟的商品开发体系,以及对平台运营规则的把控力,而且,1000 万元的投入对大卖家可能无关痛痒,却是中小卖家的全部身价。只有通过"广撒网",中小卖家才有更大的概率触碰到平台算法的流量爆点。

理解电商平台底层运营逻辑的价值,在于帮助卖家跳出战术层面的"内卷",从算法的设计原点反推自身的运营动作。毕竟,平台需要的从来不是某个具体的卖家,而是能够持续为客户和平台创造流量价值的"商业体"。

1.3　新卖家出海的正确发展路径

从国内电商或工厂转型而来的跨境新手，面对 Temu、亚马逊、独立站等不同平台及店铺运营模式，常常会陷入选择困惑。这种困惑的背后，实则是缺乏对海外市场、跨境电商生态的全局认知，以及对自身资源能力的定位不清晰。

基于对行业的认知，笔者提炼出"新跨境电商卖家发展飞轮"，旨在为新卖家提供一条试错成本较低、相对合理的发展路径。

该路径一共分为三个阶段，依次是全托管、半托管/自运营，以及独立站，如图 1-2 所示。这三个阶段并非简单的模式切换，而是基于卖家对海外市场的熟悉程度、自身能力与资源的阶梯式升级，实现相对稳妥的发展。

全托管

借助全托管平台，快速入行
专注选品与供应商积累

供应链

**新跨境电商卖家
发展飞轮**

运营

客户

独立站

打造品牌，建立独立站
强化品牌与客户关系管理

半托管/自运营

提升营销与运营能力
拓展销售渠道

图 1-2

第一个阶段，全托管。以 Temu 为代表的全托管模式，是新卖家进入跨境电商领域的最低"门槛"，很适合新手。在全托管模式下，卖家的角色更类似于"供货商"，平台会负责物流、仓储、售后等环节，而卖家只需要将精力聚焦在选品和供应链的打磨上。这能够大大降低卖家初期的试错成本，而在这个阶段，卖家的核心任务就是培养对海外市场的"感觉"，尤其是对商品合规与客户需求的深度理解。

第二个阶段，半托管/自运营。卖家在借助全托管模式建立了自己的选品逻辑和供应链资源后，就可以通过半托管模式或自运营模式，掌握更多的自主运营权限，放大自己的商品优势，获取更多的利润。在此阶段，卖家真正完成了从"供货商"到"运营者"的转变，逐步构建起对跨境物流、仓储管理、广告投放等环节的自主运营能力。

第三个阶段，独立站。独立站是完全独立于第三方平台，卖家自建的拥有自主管理权的电商平台。独立站的核心价值是客户资产的私有化，这也意味着卖家要独立承担从流量获取到履约交付的全链路运营压力。如今搭建一个独立站并不难，即使没有技术团队，也可以借助建站工具 Shopify 实现"一站式"建站，有经验的卖家 1 小时内就可以搭建一个功能齐全的独立站。独立站运营的难点，是如何通过多模式、多渠道持续不断地引流。卖家一旦停止引流工作，就会面临流量枯竭的情况。独立站的建设，并非所有卖家的必选项，且随着各大电商平台快速发展，独立站的流量成本持续攀升。卖家盲目布局独立站，很容易陷入"高投入、低回报"的困境。因此，独立站更适合作为成熟卖家的战略补充，用于打造差异化的品牌。

这三个阶段的发展，也是卖家的重心从"货"到"人"的迁移。对于新卖家而言，这条发展路径不能一蹴而就，却胜在稳健可靠。

也许卖家在网络上能够看到很多跨境电商造富神话，但环境早已今非昔比。随着互联网和人工智能的普及，对跨境电商卖家的要求不是降低了，而是越来越高了。不要盲目追求快，亏钱通常比赚钱更容易。稳健一点，又何尝不是一种明智的选择？

2 第 2 章

认识跨境电商平台 Temu

2.1 Temu适合哪些人

Temu 自 2022 年 9 月 1 日上线以来,凭借其独特的全托管模式,打破了传统跨境电商的诸多壁垒,极大地降低了跨境电商行业的准入门槛,再加上跨境电商行业赚钱效应的驱动,使得许多原本对跨境电商望而却步的创业者和企业,纷纷开始入局。

随着市场的发展,2024 年 3 月中旬,Temu 推出了半托管模式,给那些在海外仓有现货的卖家赋予了更多的自主权,也让卖家有了更高的利润。那么,全托管模式和半托管模式分别适合哪些人呢?

2.1.1 全托管模式的适合人群

1. 初涉跨境电商的个体创业者

这部分人往往资金有限,缺乏跨境电商的运营经验和专业知识,也没有稳定的供应链和物流渠道,可能只是凭借个人兴趣或过往的某些优势,想要尝试涉足跨境电商。从 Temu 的全托管模式开始创业，无须为运营而烦恼，可以快速选品、测款，将精力用在商品上，了解海外客户的市场需求，以较少的投入入局，逐步积累经验和资金。

2. 国内电商从业者或小型企业

在国内电商运营的过程中，国内电商从业者或小型企业积累了一定的运营经验和相对稳定的供应链资源。但是，由于文化背景、消费习惯等方面的差异，国内外客户对部分品类的需求差异巨大。同时，不同国家或地区的政策及资质要求截然不同。所以，从全托管模式开始，快速了解国内外差异，熟悉后再逐渐拓展半托管模式，实现平稳过渡与成功转型，是一种很好的选择。

3. 非大件商品的工厂

大部分工厂的优势是生产，对销售和运营环节并不擅长。Temu 的全托管模式能够帮助工厂专注于自己擅长的生产领域，并借助 Temu 推进自己"工贸一体"的发展进程。但要注意的是，如果生产的是大件商品，那么全托管模式并不是很好的选择。一方面，Temu 仓库对大件商品会有很高的销量要求，如果商品 30 天销量不达标，就会进行退供处理；另一方面，全托管模式下的大件商品，将采用海运配送，配送周期较长，如果同款商品有其他半托管模式店铺在卖，则全托管模式店铺会没有竞争优势。

2.1.2　半托管模式的适合人群

1. 有跨境电商经验的从业者

这部分卖家因为有其他跨境电商平台的运营经验，往往会较好地把握海外市场的客户需求和客户喜好。很多卖家的货本身就在海外，采用 Temu 的半托管模式，相当于多了一个销售渠道。

2．大件商品的工厂或贸易商

尽管 Temu 的全托管模式降低了卖家的运营难度，但其严苛的商品周转率及在配送时效上的短板，使得大件商品运营在该模式下的发展困难重重，难以实现稳定的增长。

相比而言，卖家在较为准确地分析当地市场需求后，半托管模式的优势就凸显出来了。一方面，Temu 快速扩张，大件商品目前相对短缺，竞争压力较小；另一方面，半托管模式让卖家有更高的自主运营权和更大的利润空间。

2.2　做Temu运营需要的启动资金

很多新人在考虑做 Temu 运营时，问的第一个问题往往就是需要多少启动资金。这其实并非一个固定的数字，而会受到主观和客观多重因素的影响。接下来，笔者就以全托管模式为例，剖析这些影响因素。

1．角色定位

以个人卖家为例，首先，我们要明确的是将 Temu 运营作为一项事业全力以赴，还是仅仅作为副业，利用闲余时间兼职经营。如果将其当作事业，那么前期投入成本则可大可小，办公场地、办公设备、人力成本及其他杂项开支都有很大的浮动空间，但无论是公司还是个人，在起步阶段都应该尽可能从简，以便于更好地应对调整变化，将更多的成本用在选品和测款上。

如果将其当作一份副业，那么可能只需要花几百元购买一些基础的包装材料、热敏打印机，再花几千元用于初期的商品采购。

2．选品策略

不同类型的商品，在采购成本、资金周转、市场竞争和运营难度上都存在着巨大的差异，对启动资金的影响截然不同。

以常用的家居收纳袋为例，其采购单价较低，按照 5～10 元来算，首批测款按照 10 个来算，只需要 50～100 元。如果选择高附加值的电子产品，其采购单价可能高达 100～200 元，首批测款按照 10 个来算，那么需要 1000～2000元。此外，在某些国家或地区售卖这类商品可能还需要相应资质的检测认证费用，前期投入将进一步加大。

3. 利润

跨境电商是一门生意，既然做生意，就一定要考虑利润率，因为利润率是资金增长关键的驱动力，影响着资金池的扩张速度。这里引入一个公式：总资金盘=前期投入+利润回款。

假设我们上线了一款商品，其采购成本为 10 元，我们在 Temu 上核价 15元，那么每件商品的利润就是 5 元。如果我们采购了 1000 个该商品，总采购投入 1 万元。那么，当这 1000 件商品全部销售完时，我们将获得 5000 元利润，此时，我们的资金池就从最初的 1 万元增长到了 1.5 万元。

随着资金池的扩大，我们可以进一步扩大选品范围、优化供应链。所以，在开始时投入不一定很高，应根据启动资金，匹配相应的选品策略，重点是让利润不断滚动扩大资金池。

4. 回款周期

在 Temu 的全托管模式下，一般而言，从商品采购到完成上线，需要 5～10天。商品上线后，根据商品的类别、市场需求及营销活动的不同，下单时间通常在 3～20 天。在客户下单后，从商品发货到客户签收，需要 7～14 天，再考虑到平台"7 天自动确认收货"的规定，整个流程下来，前两个月基本是只有投入没有收入的阶段，如图 2-1 所示。当然，这是笔者相对稳妥的算法。

所以，在开始做 Temu 运营前，一定要充分考虑回本周期，预留足够的资金来维持这段时间的各项开支。

产品回本周期

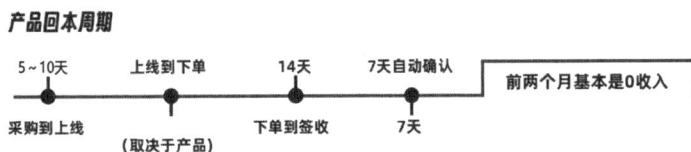

图 2-1

2.3　三种角色的不同运营策略

2.3.1　工厂

工厂在做 Temu 运营时，往往会根据自己的货盘资源优势展开布局。

与其他卖家相比，工厂能够更低成本地实现开模和测款，并在商品销量起来后，能够凭借规模化生产，降低单个商品的生产成本，在价格上更有优势。同时，工厂自身对生产的把控力，可以确保货物稳定供应，避免了断货对商品链接权重的影响。

工厂在 Temu 上的运营核心，就是全力抢占资源位。如果商品在平台上有同款，那么工厂利用自身在成本、供货速度等方面的优势，可以快速抢占该商品的资源位；如果商品具有独特性，在平台上暂时没有同款，那么针对类目整体和客户的搜索习惯，应当聚焦在抢占与商品紧密关联的关键词资源位。通过设置合理的商品关键词，以及做好链接优化，使得商品在客户搜索时，能够优先展示。

随着销售数据的积累，工厂在管理上，应当推进运营端与生产端直接联动，将商品款式、功能、规格、颜色、材质等方面的市场需求和消费偏好传递回生产端。生产端则根据运营端的反馈，迅速调整，如此循环，工厂不仅能够通过 Temu

增加营收，还能够逐步推进工贸一体化的发展进程，加强自己的综合竞争力。

笔者想要提醒的是，许多工厂存在一个认识误区，喜欢盲目地打价格战。这就需要注意对运营人员的考核方案，不要单纯地追求销量和成交额，还要考虑生产成本、人员成本、平台罚款与售后服务等多重因素，把握好成本与利润之间的平衡关系。

2.3.2 贸易商

有一种观点在网上广为流传，即认为 Temu 只适合工厂类型的卖家，笔者并不赞同这一观点。无论是全托管模式，还是半托管模式，工厂在商品成本和供应方面虽然具备一定的优势，但也有不容忽视的短板。一方面，工厂往往受限于自身的生产设备、技术工艺和商品线，在商品创新和拓展上相对迟缓；另一方面，工厂通常缺乏专业的电商运营经验，对平台规则、市场趋势和海外客户偏好的把握存在着明显不足，这些在很大程度上制约了工厂在电商平台上的发展。相比而言，贸易商在市场敏锐度、选品灵活性和运营方式上，则有独特的优势，所以不能因为 Temu 的供货逻辑，而草率地得出 Temu 只适合工厂的判断。

贸易商的工作重点在于选品，通过对市场需求的分析，找出相对"蓝海"的类目和商品，避免与工厂进行价格竞争。同时，可以通过更为灵活的运营模式，实现差异化竞争。随着平台的发展，贸易商可以逐步向品牌化发展，为商品赋予更高的附加值，实现利润的最大化。

2.3.3 副业卖家

对于那些将 Temu 运营作为副业的卖家而言，首要原则应该是在确保不影响本职工作的前提下开展，并力求以最小的精力投入，获取最大的收益回报。

无论是国内电商，还是跨境电商，薄利多销是永不过时的运营策略之一。

但是，这种策略对于副业卖家并不适用。做副业，最关键的指标一定是单品毛利和毛利率。毛利是我们销售一件商品在扣除成本后能挣多少钱。毛利率能反映这个商品是否有足够的利润空间来应对售后服务、罚款等不确定性因素，即该商品的抗风险能力。

对于副业卖家而言，切记不要单纯地追求销量和爆品，即使每件货赚五六十元，销量不高，一天卖三五件，也有几百元的利润。

如图 2-2 所示为三种角色不同的运营策略及注意事项。

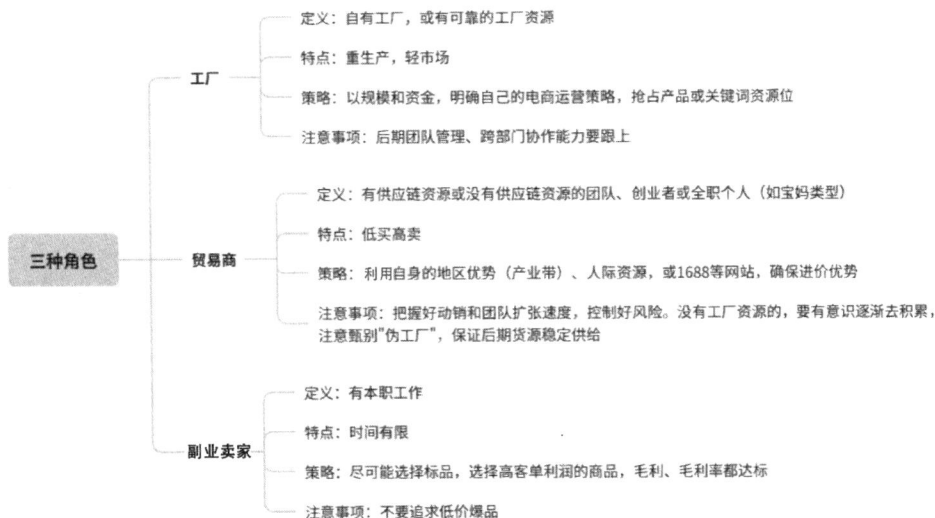

三种角色

工厂
- 定义：自有工厂，或有可靠的工厂资源
- 特点：重生产，轻市场
- 策略：以规模和资金，明确自己的电商运营策略，抢占产品或关键词资源位
- 注意事项：后期团队管理、跨部门协作能力要跟上

贸易商
- 定义：有供应链资源或没有供应链资源的团队、创业者或全职个人（如宝妈类型）
- 特点：低买高卖
- 策略：利用自身的地区优势（产业带）、人际资源，或1688等网站，确保进价优势
- 注意事项：把握好动销和团队扩张速度，控制好风险。没有工厂资源的，要有意识逐渐去积累，注意甄别"伪工厂"，保证后期货源稳定供给

副业卖家
- 定义：有本职工作
- 特点：时间有限
- 策略：尽可能选择标品，选择高客单利润的商品，毛利、毛利率都达标
- 注意事项：不要追求低价爆品

图 2-2

2.4　店铺类型选择：杂货铺和垂直店铺

到底是做杂货铺，还是做垂直店铺，这也是很多新卖家最常问的问题之一。

之所以会问这个问题，一方面是因为没有资源优势，其实是不知道选择什么类目或商品开始入手会更好；另一方面是在网上看到有"店铺权重"的说法，担心对店铺流量有影响。关于店铺权重和链接权重，可以看 10.4 节和 10.5 节，本节重点解决大家在类目和商品选择上的问题。

对于初涉 Temu 的新卖家而言，笔者首推百货商品。先明确一下百货的定义，百货不是具体的某一类目，而是符合大众需求的"泛流量商品"。比如，花盆、仿真花、3D 打印商品、解压玩具、装饰摆件、收纳用品等。

百货商品最大的特点，就是没有明确的客户群体，男女老少通吃，所以流量够大。推荐新手选择百货商品还有三个原因。

第一，选品范围够大。不受商品类目、关键词的限制，不需要垂直店铺的强商品开发能力。资质、周期、审美、专业性、运营模式都不是问题。

第二，风险分散。单一类目可能会因为流行趋势、平台规则或贸易政策，而对整体运营产生较大的影响。比如在 2024 年 10 月，Temu 对 FCM（Food Contact Materials，食品接触材料）资质的要求，以及欧盟的政策变动，就让陶瓷餐具类店铺卖家措手不及。从百货入手，则可以在起步阶段分散风险，更灵活地应对市场的变化。

第三，供应链优势。国内百货商品的供应链非常成熟，卖家可以更快地完成商品测款，并且在测款完成后，可以以更低的价格，实现商品的二次开发。大量的供应商也能够保证商品及时补货，即使是独家款，在测款明确销量后，也可以找其他供应商快速生产，价格甚至能更低。对于爆款商品，很容易就可以找到多个生产商，不容易因为缺货而对链接权重造成影响。

第四，百货涵盖了诸多类目，所以卖家能够了解不同年龄、性别、文化背景和消费习惯的客户群体，以更快的速度熟悉不同层面的海外市场需求，产生自己的选品感知。这对卖家未来开垂直店铺，也能提供很多参考依据。

比如，萌宠经济火热，宠物的吃穿用度都是商机；新冠疫情过后，健康的生活理念深入人心，运动装备和户外露营相关商品的销量节节高升；外国人经常喜欢聚会，聚会用品变体多，利润高，复购率高；五金工具的需求持续存在，家庭维修、大小工程都离不开五金工具。

用一句话总结，就是"始于百货，深入垂直"。图 2-3 所示为店铺发展路径，卖家可以从百货商品开始，对销量和利润都不错的商品进行深入剖析，往三四级类目不断深挖，另外再开垂直店铺，甚至在供应链稳定后，逐渐向品牌店铺方向发展。

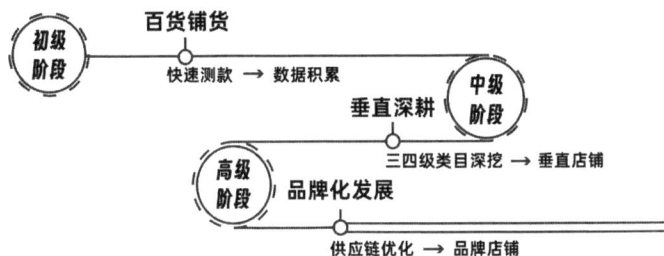

图 2-3

2.5　经营模式选择：全托管模式和半托管模式

2.5.1　什么是全托管模式

全托管模式，是指卖家将运营流程中的大部分环节都托付给平台来打理。在这一模式下，卖家的主要职责就是负责商品的上架，确保所提供的商品信息准确且符合平台的要求，并负责将商品送至 Temu 仓库，剩下的运营、履约、售后服务等各环节，则全部由平台来处理。图 2-4 所示为全托管模式下卖家和平台之间的分工情况。

全托管模式的优势在于大大降低了传统跨境电商运营的复杂性和烦琐性。传统的跨境电商卖家，需要兼顾商品研发、生产制造、店铺运营、客户服务、物流配送及售后保障等多个领域。这无疑要求卖家具备全面且专业的知识技能，以及投入大量的人力、物力和财力。

图 2-4

全托管模式的出现，让卖家从繁杂的运营事项中解脱出来，将更多的时间和精力聚焦在商品的决策与研发创新上。同时，测款的成本也通过全托管模式的分摊体系得到了有效的降低，无须大批量备货到海外。

当然，任何一种商业模式都难以做到十全十美。全托管模式对卖家而言也存在着不容忽视的缺陷。其中，最为突出的问题就是卖家的角色定位。

在全托管模式的运营架构下，卖家在一定程度上更趋近于单纯"供应商"的角色，主要体现在以下三点。

第一，卖家可以决定给平台的供货价，但是无法决定前端价格。

第二，平台面对同样的商品，流量的分配往往会倾向于供货价更低的卖家。

第三，商品即使寄送到了 Temu 仓库，并成功上线，但如果后续出现同款，平台就会发起竞价，竞价失败的卖家的相应商品则可能会被直接下架、退回。

当然，换个角度来看，虽然在全托管模式下，商品可能会被下架、退回，但与传统的跨境电商相比，退回国内的成本总比海外滞销成本要低。

2.5.2 什么是半托管模式

半托管模式，是介于卖家完全自主运营和全托管模式之间，允许卖家进行自配送的模式。在这种模式下，卖家不再是"一货卖全球"，而是针对目标国家或地区进行销售。卖家需要先备货到销售目的地，并自行配送给当地客户。

这种模式赋予了卖家更大的自主操作空间和经营灵活性。从平台规则来看，卖家依然没有前端的定价权，但由于在半托管模式下，平台的运营成本大幅降低，平台在制定前端价格时，往往会与卖家的供货价存在相对稳定且可预测的关联系数。这就使得卖家可以通过巧妙地调整供货价，间接地把控商品的前端价格。

此外，半托管模式店铺的货物，是直接从销售目的地所在的本土仓库发出的，相较于全托管模式需要从国内发出，半托管模式的物流速度更快，如果价格相差不大，那么更容易获得客户的选择。

然而，对于卖家而言，半托管模式的风险更高，成本投入更大，包括但不限于货物在海外仓的存储管理、物流配送导致的罚款、市场或政策变化导致的库存积压等。图 2-5 所示为半托管模式下卖家和平台之间的分工情况。

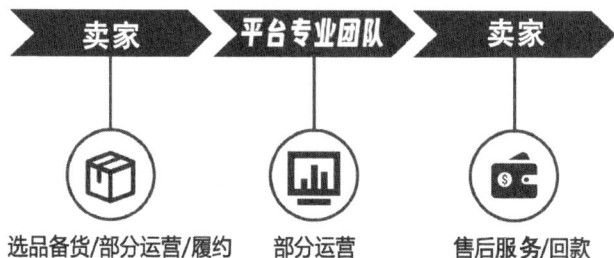

图 2-5

2.5.3　全托管模式 vs 半托管模式

Temu 全托管模式和半托管模式的区别见表 2-1。应该注意的是，全托管模式和半托管模式是不同的店铺体系，全托管模式店铺想转为半托管模式，或者半托管模式店铺想转为全托管模式，都无法直接转，需要卖家开设新的店铺。但 Temu 支持卖家将全托管模式店铺的商品，一键搬运到半托管模式店铺。

表 2-1

区别	全托管模式	半托管模式
保证金	现货模式（VMI 模式）：1000 元 预售模式（JIT 模式）：5000 元	30 000 元
定价权	前端价格受多个因素影响，卖家自己难以把控	前端价格与申报价之间存在关联系数，卖家根据自己的申报价，可以推算前端价格
上架流程	卖家需要进行选品、寄样、审版、审图等，上架审核的时间周期较长，国内仓库如果出现爆仓，就可能导致 Temu 卖家无法发货，自主性较低	卖家商品在海外站点，可以直接上架并进行销售，平台的审核流程较简单
履约方式	卖家只需要将货物发至 Temu 国内仓库，后续的头程物流、尾程配送、售后服务等均由 Temu 负责	卖家需要自主备货到海外，并负责海外仓储。此外，售后服务、退货服务等也需要卖家负责
处罚政策	主要针对商品品质问题进行处罚	主要针对物流配送和运营问题进行处罚

2.6　Temu的入驻费用

Temu 在招商宣传中，主打的是"0 元入驻+0 元广告费"。在卖家运营过程中，除了商品成本和经营成本，主要存在以下费用。

1. 保证金

全托管模式：主要分为现货模式（VMI 模式）和预售模式（JIT 模式）。

- **现货模式**：卖家只需要缴纳 1000 元保证金。这 1000 元也可以先不用交，在平台运营产生销售后，回款金额会优先冲抵这 1000 元保证金。

- **预售模式**：该模式的保证金为 5000 元，且不支持冲抵，必须在缴纳后才可以联系买手(Temu 平台上和卖家对接,负责对应类目商品筛选、处理核价及协调资源的工作人员）开通。

半托管模式：半托管模式的保证金为 3 万元，根据商品品类的不同，保证金会有所不同。同样，保证金可以先不用交，可以用回款金额进行优先冲抵。但要注意的是，如果出现任何违规行为，就需要立刻补交保证金，在补交完成后，店铺才可以正常经营。

2．寄样品的费用

服装等部分类目的商品在上架之前，需要先寄送样品给 Temu 进行审核。这一环节所产生的物流费用，一般需要几元到十几元不等。

寄样审核后，Temu 给出的商品核价，不一定能达到卖家的心理预期。所以，对贸易商而言，常规的普通商品如果涉及寄样，那么笔者建议放弃寄样。

3．商品发货所产生的物流费用

全托管模式：卖家需要将货物寄到 Temu 国内指定仓库，这些仓库通常在广州、东莞及佛山。在此过程中，卖家需要承担一半的物流费用。

半托管模式：卖家需自行将货物从中国发往销售国家或地区的海外仓，并承担寄送给客户、退货相关的费用。同时，在此过程中如果产生仓储费、贴标费等一系列费用，也都由卖家承担。

4．退供费用

如果商品因为质检不合格、滞销等出现退供，那么卖家需要承担到付运费。

第 3 章

3

跨境卖家中心后台操作
精要讲解

3.1 不同主体的注册差异及要求

目前，Temu 支持卖家以个人、个体工商户、企业等主体形式入驻开店。卖家可以通过 Temu 的跨境卖家中心来自行完成注册。下面主要介绍注册要求。

以个人或个体工商户主体注册店铺需要准备以下资料：

（1）个人身份证，且身份证有效期距离截止时间大于 1 个月。

（2）个体工商户需要个体工商户营业执照（所销售的商品需要在其经营范围内），且需要在工商系统查询没有异常、营业执照有效期距离截止时间大于 3 个月。

（3）准备至少一个计划在平台销售的商品的图片和价格（相当于告诉平台准备卖什么）。

（4）其他平台的店铺链接及销售商品截图（非必填项）。

以企业主体注册店铺需要准备以下资料：

（1）法人身份证，且身份证有效期距离截止时间大于 1 个月。

（2）三证合一的营业执照（所销售的商品需要在其经营范围内），且需要在工商系统查询没有异常、营业执照有效期距离截止时间大于 3 个月。

（3）准备至少一个计划在平台销售的商品的图片和价格（相当于告诉平台准备卖什么）。

（4）其他平台的店铺链接及销售商品截图（非必填项）。

Temu 卖家在入驻后，根据店铺类型的不同，银行卡绑定要求也有所区别。

个体店铺： 支持绑定户名与营业执照经营者同名的个人银行卡。

企业店铺： 支持绑定两类银行卡，一类是户名与入驻主体名称一致的对公银行卡，另一类是户名与企业法定代表人名一致的个人银行卡。

3.2　注册流程详解

（1）打开 Temu 跨境卖家中心，在账号登录页面点击"还没有账号？立即注册"按钮，如图 3-1 所示。

图 3-1

（2）打开注册账号页面，如图 3-2 所示。输入手机号，设置密码，点击"获取验证码"按钮。在输入验证码后，点击"注册"按钮。

需要注意的是，每个手机号只能绑定一次，如果该手机号曾经被用于其他主体的子账号且未进行解绑，就会无法注册。

（3）在注册完成后，输入注册的手机号及密码，并勾选"我已阅读并同意《隐私政策》"复选框，进行登录，如图 3-3 所示。

 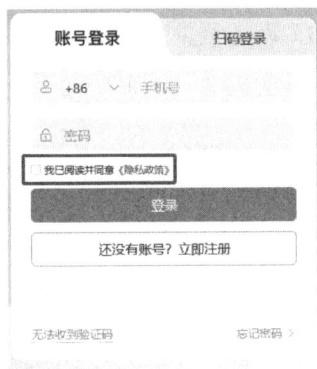

图 3-2   图 3-3

（4）选择入驻主体类型，选好后点击"下一步"按钮，如图 3-4 所示。

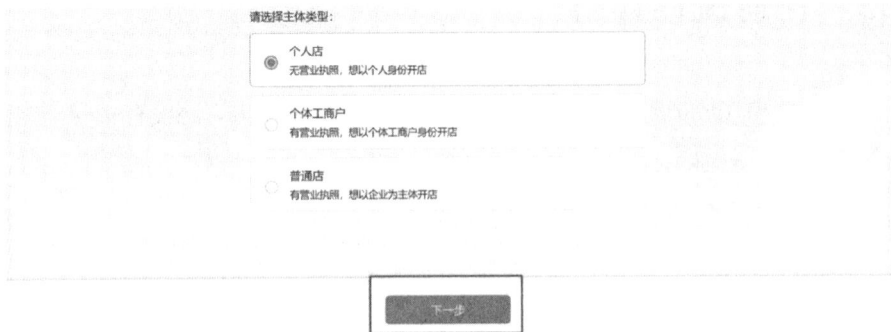

图 3-4

（5）根据所选择的主体类型，按要求填写主体信息，图 3-5～图 3-7 分别为个人、个体工商户、企业（普通店）的主体信息填写要求，填写完成后点击"下一步"按钮。

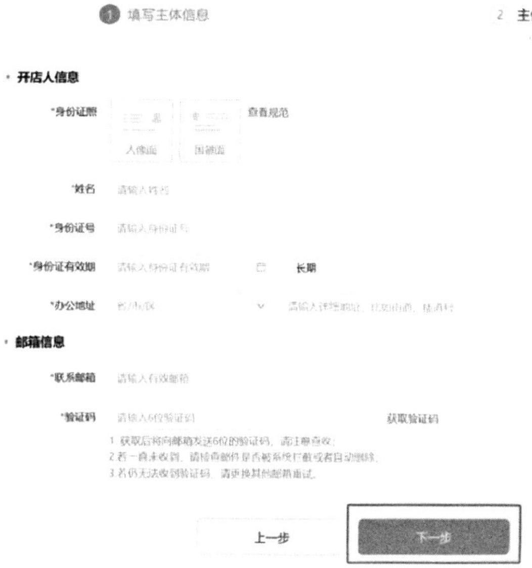

① 填写主体信息　　　　　　　　　　　　　2　主体实名验证

· 开店人信息

*身份证照　　　　　　　　　查看规范
　　　　　人像面　国徽面

*姓名　　　请输入姓名

*身份证号　　请输入身份证号

*身份证有效期　　请输入身份证有效期　　　长期

*办公地址　　省/市/区　　　　请输入详细地址，比如街道、楼道号

· 邮箱信息

*联系邮箱　　请输入有效邮箱

*验证码　　请输入6位验证码　　　　　　获取验证码
1. 获取后将向邮箱发送6位的验证码，请注意查收；
2. 若一直未收到，请检查邮件是否被系统拦截或者自动删除；
3. 若仍无法收到验证码，请更换其他邮箱重试。

上一步　　　　　下一步

图 3-5

① 填写主体信息　　　　　　　　　　　　　② 主体实名验证

· 营业执照信息

*是否三证合一　　是　●否

*营业执照　　　　上传　查看规范
　　　　　点击上传
　　　　仅支持JPG、JPEG、PNG格式

*办公地址　　省/市/区　　　　请输入详细地址，比如街道、楼道号

*经营规模　　请选择经营规模

· 经营者信息

*经营者身份证照　　　　　　　查看规范
　　　　　人像面　国徽面

· 邮箱信息

*联系邮箱　　请输入有效邮箱

*验证码　　请输入6位验证码　　　　　　获取验证码
1. 获取后将向邮箱发送6位的验证码，请注意查收；
2. 若一直未收到，请检查邮件是否被系统拦截或者自动删除；
3. 若仍无法收到验证码，请更换其他邮箱重试。

上一步　　　　　下一步

图 3-6

图 3-7

（6）进行实名认证，实名认证的方式是使用微信进行扫码。如果需要扫码的人不在身边，那么可以点击"复制实名认证链接"按钮，复制链接，或者将二维码截图发送给对方完成实名认证。在完成后，勾选"我已阅读并同意《一站式仓储综合服务协议》"复选框，点击"入驻成功，下一步"按钮，如图 3-8 所示。

图 3-8

（7）签署入驻 Temu 的卖家协议，如图 3-9 所示。

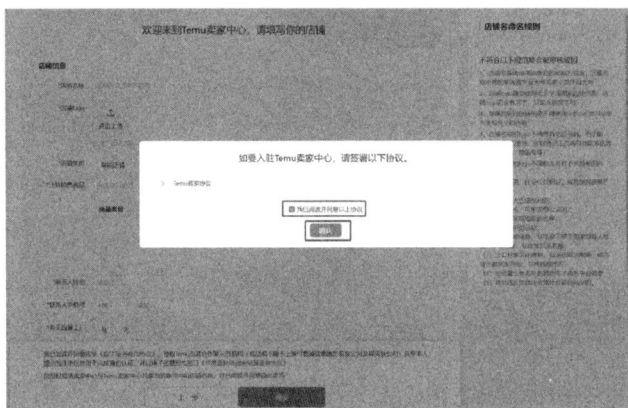

图 3-9

（8）在填写店铺信息时，标有红色"*"的为必填项，其他选项可根据实际
情况选择性填写，如图 3-10 所示。以下是各项填写的规范及注意事项。

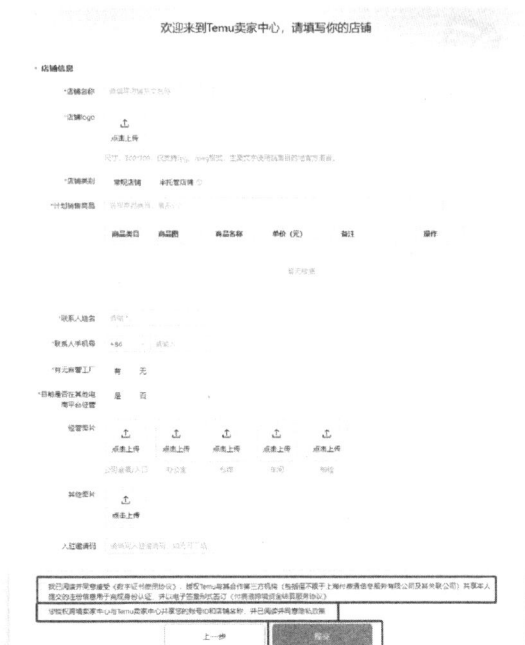

图 3-10

- 店铺名称：

店铺名称应使用销售目的地的官方语言（通常为英语）填写，所有单词的首字母都需大写或全部字母都大写。同时，卖家应尽量避免使用已在销售目的地注册为品牌或商标的名称。非旗舰店的店铺名称不得包含"official"或类似暗示官方性质的词汇，以免违反平台规则。

- 店铺 logo：

店铺 logo 不可使用纯色图案（无文字或无设计元素）。如果 logo 中包含文字，那么仅允许使用英文字母。卖家可以借助 logo 生成工具或 AI 设计工具制作符合要求的店铺 logo，确保专业性与规范性。

- 店铺类别：

常规店铺：即全托管模式店铺，卖家只需将商品发往 Temu 的国内仓库，由 Temu 负责后续配送。

半托管模式店铺：由卖家自行完成商品的发货和配送的店铺，适合有物流能力的卖家。

- 计划销售商品：

此项仅作为平台的初步意向，在店铺入驻后，并不会限制卖家后续销售其他类目商品。卖家只需简单填写当前有库存或计划销售的商品即可，如图 3-11 所示。

图 3-11

● 联系人姓名、联系人手机号：

若使用公司营业执照注册，那么务必填写实际运营人员的姓名和手机号，而非法人的联系方式。因为后续如需修改商品信息、补充爆款库存或发货，Temu 的买手会通过该联系方式与卖家沟通。

● 有无自营工厂、目前是否在其他电商平台经营：

根据实际情况填写即可。

● 经营图片、其他图片：

这些选项可留空，不填写也不会影响入驻。

（9）提交后等待审核，如图 3-12 所示。

图 3-12

审核虽然写的是 3～5 个工作日，但在正常情况下，一般当天就能完成，卖家账号绑定的手机号，会收到审核通过的短信通知。

3.3　跨境卖家中心后台登录

（1）打开 Temu 的跨境卖家中心，输入手机号和密码，勾选"我已阅读并同意《隐私政策》"复选框，点击"登录"按钮，如图 3-13 所示。

图 3-13

（2）进入跨境卖家中心后，如果卖家在同一个账号下，有全托管模式和半托管模式两个店铺，那么可以点击"切换"按钮，进行店铺切换，并点击"进入"按钮进入后台页面，如图 3-14 所示。

图 3-14

这里要注意的是，为了规避账号关联风险，卖家应当尽可能不使用其他人的电脑设备、不在公用网络环境下登录账号。因为一旦其他人存在违规操作，引起平台处罚或追责，即便并非卖家本人的行为，也极有可能致使卖家账号被关联，进而对店铺的正常运营产生影响。

3.4　卖家课堂

在运营 Temu 账号的过程中，"卖家课堂"是一个很有价值的学习渠道，涵盖了卖家需要的大部分知识，以及平台的规范和政策。

卖家可以通过点击后台首页的"学习"按钮，进入 Temu 的卖家课堂，如图 3-15 和图 3-16 所示。

图 3-15

图 3-16

3.5 消息中心

消息中心主要接收来自平台官方的通知消息，这些消息包括账号通知、主体合规通知、资质认证通知、活动通知、财务通知、违规通知等，卖家应当每天都关注。消息中心的位置如图 3-17 所示。

图 3-17

如果全托管模式店铺的商品质检不合格或者长期滞销，被仓库退回，那么会在这里通知提醒。

对于质检不合格的商品，仓库在收到货物后，会先通过消息中心将问题反馈给卖家，卖家可以根据提示，看一看是否能够整改。假如是图片和实物有差异、商品尺寸图和实际尺寸有偏差，那么可以让美工尽快完成修改，并更新图片。在收到消息 2 小时内完成修改，质检人员会重新审核，在审核通过后则不需要进行退回，而是重新安排商品入库。卖家如果对该消息未进行任何处理，超过 2 小时仓库就会将商品退回。

3.6 商品创建与备货

商品创建与备货，是非常关键的基础运营工作，会直接影响商品后续的销售是否顺畅。

进入 Temu 跨境卖家中心，在操作页面找到"商品管理"模块，点击"新建商品"选项，如图 3-18 所示。

图 3-18

首先，根据要上传的商品，选择对应的分类，如图 3-19 所示。

图 3-19

卖家在选择商品分类时有一定的技巧，具体可以看 7.1.3 节，了解在上传商品时如何选择合适的类目。

在选择好了商品分类后，就进入了商品信息填写页面，如图 3-20 所示。

图 3-20

以下是填写商品信息过程中，卖家需要注意的关键点。

1. 商品轮播图

● 轮播图尺寸最小为 800px×800px。

● 轮播图至少为 5 张，最多为 10 张。

● 尺寸图必须同时有公制和英制两种单位，即厘米（cm）和英寸（in）。

● 轮播图不能有白边、水印，如果有，那么会导致审核不通过。

● 全托管模式卖家需要上传的图片语言默认为英语；半托管模式卖家则需按照自己售卖站点的语言制作相应的图片素材并上传。如果商品本身有中文（如春联等），那么卖家需要向买手进行报白（即白名单报备）才能正常上传，否则也会出现审核不通过的情况。

2．主图视频

● 视频并非必须上传，但上传对提高转化率会有帮助。平台说上传视频
后会有流量扶持，但是笔者在实际运营过程中，并没有发现太大的差
异。从本质上来说，与没有视频的同款或同类商品相比，商品在上传
视频后会有点击率和转化率的优势，从而可以提高商品排名。图 3-21
所示为笔者在 Temu 前端搜索"organizer for clothes"所呈现出来的默
认商品排名，能够看到推荐的前 10 款商品中，有 6 款有视频。

● 对于部分售后问题较多的商品，可根据客户评论有针对性地优化。比
如，图片与实物不符、功能有差异等，可通过上传实拍视频，或者详
细的功能讲解视频，在一定程度上减少售后问题。

● 要注意背景音乐不要侵权，卖家如果对这方面不太了解，那么可以利
用 AI 工具生成视频的背景音乐。

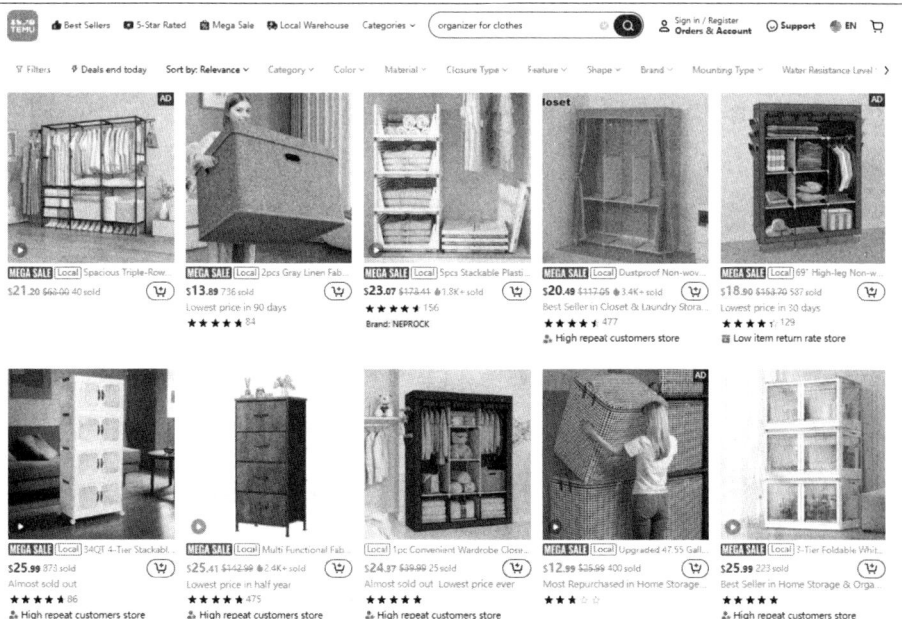

图 3-21

3. 商品标题

商品标题又叫商品名称，许多卖家会有一个认知误区，就是在 Temu 的托管模式下，Temu 运营人员会优化商品标题，所以可以随便填写商品标题。

从企业管理和效率的角度来说，Temu 生成的标题应当基于卖家最初所撰写的标题，由 Temu 的系统算法结合商品图片识别、搜索关键词等智能优化生成。只有极少数的爆品标题，或者触发了后台某些特殊标签的商品标题才会由运营人员进行人工调整。

如果卖家随便填写商品标题，一方面，可能会导致系统算法无法准确提取关键信息，使商品标题的核心关键词不准确，从而减少商品在平台的搜索曝光量；另一方面，卖家随便填写的标题中没有商品的核心卖点和优势，生成的标题很可能无法准确展示商品的核心卖点和优势。在这种情况下，相对而言，推荐不够精准，商品的转化率就会变低，进一步导致平台降低其自然流量的权重。

卖家如果想要验证笔者的这一观点，可以尝试在标题中写一些核心卖点，比如手电筒是多少流明的、防火箱包的防火温度是多少摄氏度。如果卖家在原商品标题中没有填写这些卖点，那么在前端是不会自动添加这些信息的。这也是卖家不能过度依赖 AI 工具自动生成商品标题，需要自己提取并撰写核心卖点等信息的原因。这些信息能够向潜在客户准确地传达商品的独特性和价值性，提高点击率和转化率。

对于全托管模式店铺，建议直接使用英语填写"商品名称"和"英文名称"两项，毕竟 Temu 全托管模式的大部分销售国家是以英语为主的，所以，用英语填写标题，能够最大限度地降低 Temu 翻译的误差，确保前端呈现的商品的核心关键词及卖点关键词的准确性。

填写商品标题不仅关乎平台的算法优化，还会影响客户的购买决策，卖家一定要重视。6.2.1 节会详细介绍如何填写商品标题。

4．商品属性

商品属性是对商品特征、特性的详细描述，通常包括规格、材质、品牌、用途、风格、使用场景等具体信息。图 3-22 所示为某款手链需要填写的商品属性。

图 3-22

许多新卖家在填写商品属性时，往往敷衍了事，认为只要差不多就行，能不填的则不填。准确且完整地填写商品属性，不仅会影响商品的核价，还能够提高商品链接的权重，更好地让平台算法对商品进行精准推荐。

例如，当客户搜索"防水的智能手表"时，即使卖家在标题中没有提及防水属性，但只要在商品属性中选择了防水属性，该商品就有机会出现在客户的搜索结果中，获得曝光和转化的机会。

在 Temu 前端，Temu 会依据商品属性，为客户提供分类筛选的选项，从而帮助客户更快地找到目标商品。如果商品缺少相关的属性信息，就极有可能被平台筛选功能直接过滤掉。图 3-23 所示为搜索"waterproof outdoor storage"后，在搜索结果页面呈现的商品属性筛选项。

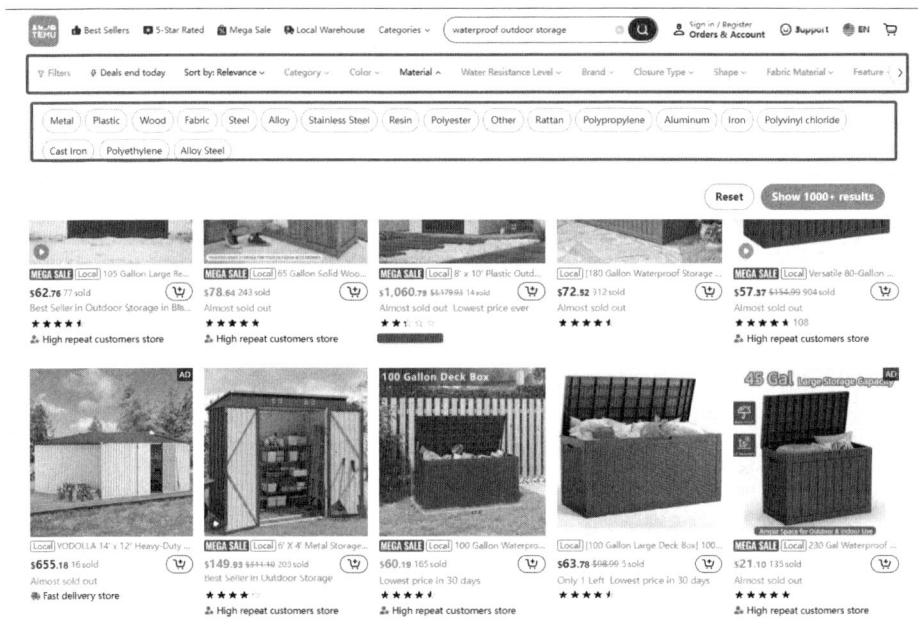

图 3-23

在实际运营过程中，草率地填写商品属性，如把铝材质填写成铜材质，客户可能会给商品差评并申请售后服务，增加店铺运营成本。Temu 也会不定期随机进行商品抽检，如果发现填写的商品属性与实际不符，那么轻则将商品下架，重则会对店铺处以罚款。

此外，如果误填了某些敏感属性或特殊属性，就可能使原本不需要资质的商品触发资质要求，导致无法正常销售。

5. 敏感属性

敏感属性指的是在运输、使用或存储过程中，可能涉及安全风险或合规问题的商品属性，主要包括带电（纯电或内电）、磁性、液体、粉末、膏体和刀具，如图 3-24 所示。如果商品涉及这些属性，就必须准确填写。如果商品不涉及这些属性，那么将敏感属性选择为"否"即可。

一般有以上敏感属性的商品，往往在美国、欧洲等主要售卖国家或地区有较高的资质要求。新卖家在前期的选品过程中，应当尽可能避开此类商品。

图 3-24

6．体积与重量

商品的体积与重量对全托管模式卖家影响较大，主要有以下几个方面的影响。

- 系统核价。Temu 在核价时，会参考卖家所填写的商品体积与重量。

- 前端价格。因为 Temu 会负责仓储和配送，所以 Temu 会结合卖家的申报价、商品的体积与重量等，通过算法逻辑，得出前端的价格。卖家如果填写错误，就可能导致前端价格偏高。

- 寄仓运费。在全托管模式下，卖家需要将商品寄到国内仓库，如果使用与 Temu 合作的快递或物流，那么在通过 Temu 预约快递或物流时，Temu 会根据卖家填写的商品体积与重量自动计算运费，并推荐价格最优的快递或物流。如果填写不准确，快递或物流工作人员未进行复称，就可能导致运输成本比实际所需要高。虽然可以申诉，但是比较麻烦且需要提供相应的佐证资料。另外，抛货如果使用快递而非物流，就会导致成本较高（关于什么是抛货，可以看 4.7 节）。

- 头程配送方式。这主要针对全托管模式卖家。一些全托管模式卖家可能会发现自己的商品的前端价格更低，却几乎卖不动，而半托管模式的同款商品，明明前端价格更高，却卖得很好。这时，卖家可以通过平台前端看一下自己的商品，用的是空运还是海运。较大的商品通常采用海运，而较小、较轻的商品则可能通过空运配送。此外，有些重量或体积较大的商品，在刚上线时用的是空运，后面可能就会变为海运。如图 3-25 所示，这款商品在全托管模式下发到客户手里大概需要一个月，所以，前端卖得好的基本是半托管模式下的商品。

● 退货周期。Temu 为了节省仓储空间，对体积较大且非平台较为稀缺的商品，往往比对轻小件有更高的销量要求。因此，这类商品更容易被仓库按滞销做退回处理。

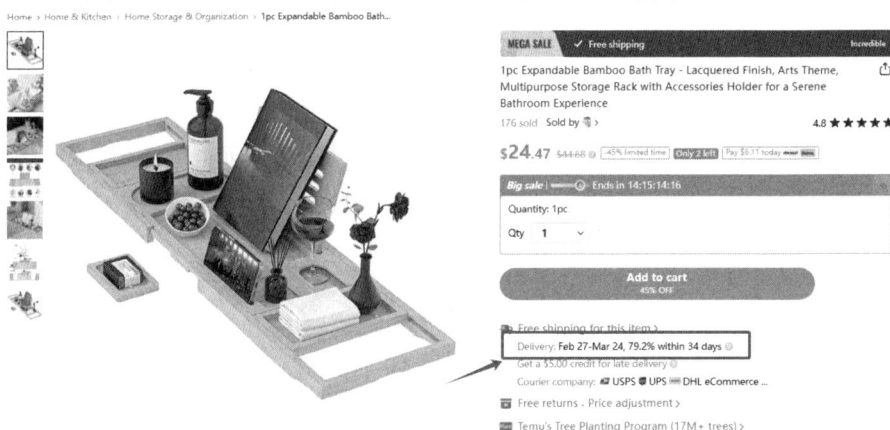

图 3-25

7. 商品详情页

Temu 的商品详情页可以为空，也可以进行创建并装修。点击"详情图文"页面的"开始装修"按钮，即可创建并装修商品详情页，如图 3-26 所示。

如果卖家没有填写详情页的内容，那么 Temu 在前端会自动采集轮播图呈现给客户。所以，对于中小卖家而言，为了节省成本，可以将重点放在轮播图的打造和设计上；对于有美工团队的品牌卖家而言，也可以尽可能做好详情页的打造，更好地呈现商品的外观、细节及卖点，帮助客户全面地了解商品，增强说服力，促进交易转化。

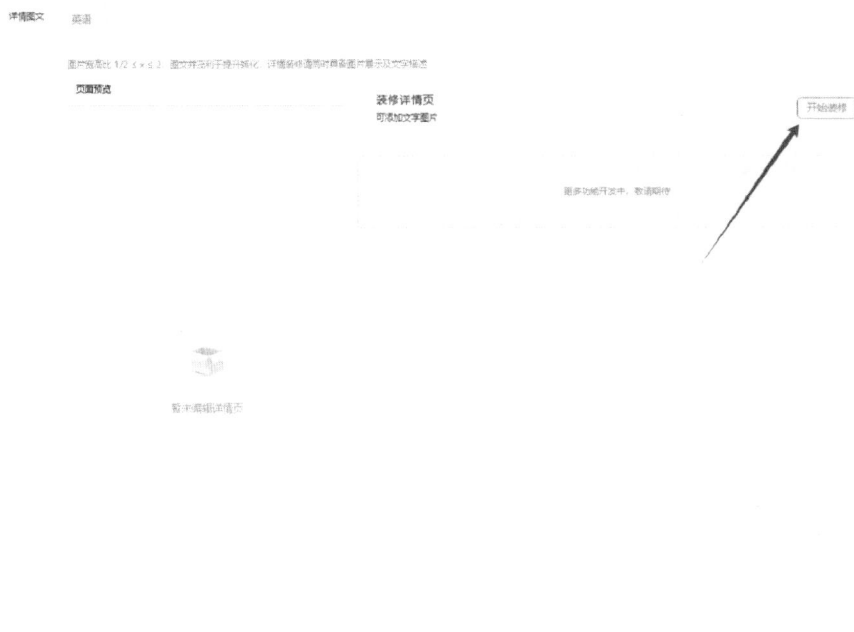

图 3-26

　　上述的商品创建环节，卖家也可以通过一些 ERP 工具来辅助完成，部分 ERP 工具还内置了合规检测功能，对卖家上传的商品不合规内容，可以进行实时提醒，并给出修改建议。此外，ERP 工具还能批量上传商品信息。当需要一次性上架大量商品时，卖家只需要在 ERP 工具中整理好相应的商品来源，即可一键上传至 Temu，大大节省了人力和时间成本。

　　在完成商品的创建后，卖家就需要等待 Temu 的系统核价。Temu 早期核价是以人工为主的，现在基本上用 AI 工具核价。所以，核价速度在大多数情况下都很快。商品核价通过后，卖家就可以进行备货了。

　　全托管模式卖家通过 Temu 后台的"销售管理"，可以找到"上新生命周期管理", 点击"待创建首单"按钮, 即可快速找到核价通过但目前未创建首单的商品, 点击商品后面的"发起备货"按钮, 即可快速进行首单备货, 如图 3-27 所示。

图 3-27

因为半托管模式卖家自发货, 所以备货其实就是对库存的数量管理。如图 3-28 所示, 卖家通过 Temu 后台的备货管理, 选择商品并创建备货单后, 填写备货量, 并将备货单状态选择为"同步至卖家库存", 即可计入销售库存。

图 3-28

半托管模式卖家也可以进入 Temu 后台的"商品管理"模块, 点击"商品列表"选项, 并找到相应的商品, 点击后方的"修改库存", 即可对相应站点的库存进行增减, 如图 3-29 所示。

图 3-29

3.7 商品库存管理

在运营 Temu 账号的过程中，库存管理和补仓技巧非常重要。合理的库存管理不仅能够提升商品的销量，还能有效降低库存积压的风险，确保卖家的资金流动和利润最大化。

库存管理主要分为四个关键部分：首单备货、首次销售商品备货、稳定出单商品备货，以及商品销量趋势判断。

1. 首单备货

对于新上线的商品，因为我们不确定该商品在 Temu 上是否好卖，所以应当尽量控制该商品前期的投入。

全托管模式卖家应当尽可能控制好首单的 SKU（Stock Keeping Unit，最小存货单位）。比如，一个商品有红、黄、蓝 3 种不同的颜色，可以按照销量预测，只对预测销量最多的颜色的商品进行备货，或者多个颜色的商品都进行备货，但减少预测销量较少的颜色的商品备货量，如红色和蓝色商品预测销量较多，则按 15 个备货，黄色商品预测销量较少，则按 8 个备货。先发少量商品，观察销量情况及评价反馈，再逐渐调整后续的备货量。

如果卖家生产或采购的商品没有其他的清货渠道，只有 Temu 作为单一的销售渠道，那么建议单品前期少量备货。对于采购成本高于 30 元的商品，笔者推荐首单备货量是 15 个，因为备货量太少会无法判断真实的市场需求，太多则会占用其他测款的资金。

半托管模式卖家前期也可以通过全托管模式或一个单独的店铺来完成测款，然后采用海运备货到海外仓，从而降低滞销的风险。

2. 首次销售商品备货

对于首次销售商品，卖家需要关注销售数据，可以通过 Temu 后台查看当日销量，并参考近期销量数据趋势图，及时发现新品的销售情况，对上线不久就有不错销量的商品，要做好提前补货，避免因为断货而影响商品销量。

对于首次销售商品，卖家补货逻辑的关键是不断货，断货会导致链接权重降低，如果有同款竞品跟进，还可能导致资源位被抢。所以，为了应对突发的补货需求，尽可能选择较快的物流方式，以确保商品尽快入仓。

此外，卖家不要完全按照系统返单数量进行备货，在收到的备货单量较大时，可以先发一部分进行补货。一方面，观察商品是否能持续销售，避免"伪热销"造成的库存压力和滞销风险；另一方面，要等待商品的评价和评分，避免因为评分或质量问题导致的商品下架和售后罚款。

3. 稳定出单商品备货

对于已经稳定出单的商品，库存管理的重点在于平衡库存量和销量。Temu 存在竞价逻辑，所以，如果不是工厂卖家或品牌卖家，要想保证商品有足够利润，商品的生命周期相对就会比较短。

系统一共有三种备货单类型，分别是系统创建、卖家创建和运营人员创建。对于系统创建的备货单，卖家需要谨慎对待，因为这类备货单的数量主要是系统算法基于过往销量自动生成的，一旦某商品的价格或某些方面不占优势，平台推流就会大幅减少，原有的库存商品就需要大幅降价，甚至低于成本价，否则就可能会变成滞销品。对于 Temu 运营人员创建的备货单，一般可以完全按照其备货量进行备货，因为只有平台在推流，且被打上了系统的某些标签，Temu 运营人员才会为该商品创建备货单。

所以，卖家可以依据销售数据和物流时效，制定合理的安全库存，一般满足 1～2 周的销售需求即可，既能防止突发订单导致断货，影响链接权重，也能避免平台流量的调整导致销量大幅下降，造成商品滞销或其他损失。

4．商品销量趋势判断

卖家需要结合平台提供的历史销量数据，合理预判商品未来的销量趋势。若商品的销量趋势属于明显的上升趋势，则卖家可以逐步增加库存量；若销量趋势属于下降趋势，则卖家应考虑减少库存量，避免过多备货导致的库存积压。

此外，卖家还需要考虑节日、活动及季节等因素对商品销量的影响，可以借助一些第三方分析工具，通过对同类商品的销售趋势分析，辅助判断未来商品的销量趋势。

3.8　Q&A配置与优化

Q&A 是 "Question and Answer"（问题与答案）的缩写，卖家可以在 Temu 后台的 "商品管理" 中点击 "商品咨询" 按钮，自行配置与商品相关的问答内容，作为商品详情的补充说明。图 3-30 所示为 Q&A 在 Temu 前端为客户呈现的效果。

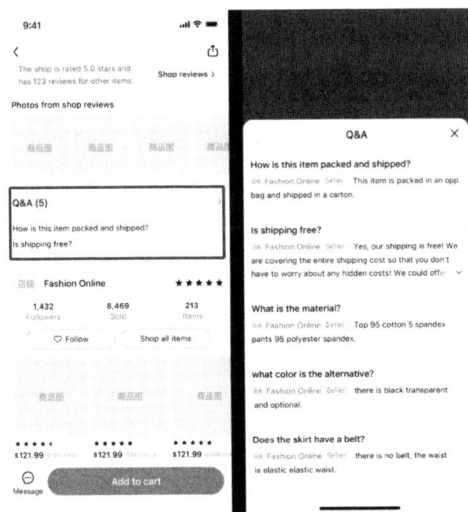

图 3-30

通过对 Q&A 的配置，卖家可以提前打消潜在客户的疑虑，减少客户在购买时的犹豫，直接提高转化率。同时，也能避免因客户的误解而产生低评分或售后问题。

Q&A 的配置主要有两种形式：一种是基于客户的问题，平台会将部分问题反馈给卖家，如图 3-31 所示，卖家只需点击解答链接进行解答即可，在解答后Q&A 就会出现在商品页面；另一种是卖家主动对商品添加问题及解答，如图 3-32 所示。

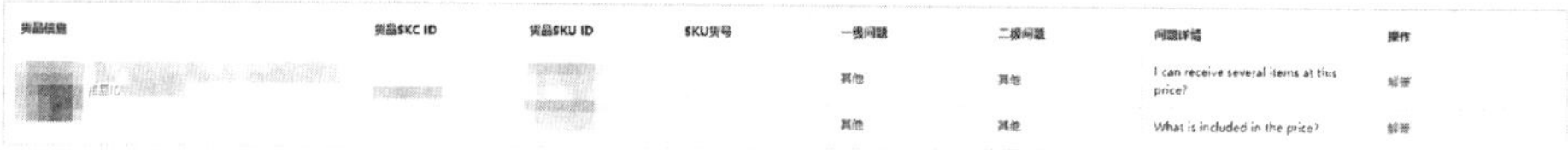

图 3-31

图 3-32

新增或修改的 Q&A，都需要经过平台的审核，等审核通过后才会在 Temu客户端的商品详情页展示。每个商品最多支持 10 个 Q&A，所以，卖家应尽量避免相同或过于相似的问答内容。

从系统算法的角度看，Q&A 中的关键词也会被 Temu 的推荐算法抓取。因此，卖家可以在 Q&A 中巧妙地植入商品的核心关键词和卖点，从而提高该商品链接的权重。

例如，对于一款具备高亮度和防水功能的手电筒，卖家可以设置一些与亮度、防水性相关的问题，并在回答中合理地植入"手电筒"这一核心关键词。

3.9   订单处理

全托管模式卖家不涉及客户单笔订单的运营和处理，只需要发货到 Temu

的国内仓库，后续的订单处理和发货，都会由 Temu 全权处理。在商品即将售罄或低于安全库存时，Temu 一般会以备货单的形式提醒卖家进行备货。

卖家可以通过"备货单管理"模块中的"我的备货单"选项进行备货单查询、发货数量调整等操作，做好对备货单的管理，如图 3-33 所示。

半托管模式卖家在"订单管理"模块点击"订单列表"选项，即可查看每笔订单的具体信息，并对待发货的订单进行发货处理，如图 3-34 所示。

图 3-33

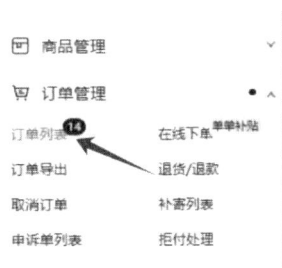

图 3-34

3.10　商品品质管理

商品品质管理对 Temu 卖家的运营至关重要。商品品质分过低可能导致商品下架、账户资金限制、售后罚款等一系列负面影响。

卖家在选品和自主质检阶段，就应当对商品质量做好初步把关，关于如何做商品质检，可以看 5.3.1 节。在商品上线后，卖家应密切关注商品评价、评价评分及品质分，及时发现并解决潜在问题，以便实现商品的稳定销售。

要想查看商品的品质分，可以通过 Temu 卖家中心的"质量管理"模块，进入"商品品质看板"页面，如图 3-35 所示。

图 3-35

在此页面，卖家可以查看商品的品质分、售后问题类型及占比等，了解商品哪些方面需要改进。

针对发现的问题，卖家可以采取相应措施进行优化。主要的负面评价类型包括商详问题、材质问题、尺寸问题及质量问题等。

1. 商详问题

商详问题，即商品图片或详情页描述问题。如果卖家认为图片与商品存在不一致的地方，那么可以通过 Temu 后台的"商品管理"中的"图片/视频更新任务"选项（图 3-36），发起图片更新，确保图片展示与实际商品一致，或通过添加实拍视频，更好地展示商品。

图 3-36

2．材质问题

卖家应先判断是否在属性上有填写错误，或在标题中存在可能引起误会的属性词。如果有，那么可以在 Temu 后台的"商品管理"模块，点击"商品列表"选项，如图 3-37 所示，在每个商品后，都会有"申请修改信息"的操作按钮，点击并选择需要修改的内容，即可对商品名称、商品属性等信息进行修改，如图 3-38 所示。

图 3-37

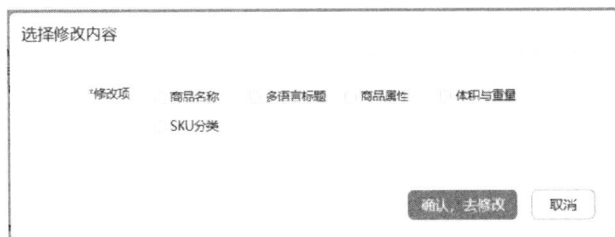

图 3-38

3．尺寸问题

对于普通商品，卖家可以通过在图片中增加通用参照物、使用场景图等方式来减少客户的感知偏差。

对于衣服、鞋袜、饰品、床品、宠物配饰等商品，卖家可以在 Temu 后台的"商品管理"模块，点击"尺码表模板"选项，核对并修改商品尺寸数据，如图 3-39 所示。

图 3-39

4．质量问题

如果因为质量问题而导致售后问题较多，那么卖家要通过客户评价，判断是因为包装问题所引发的质量问题，还是商品本身确实存在一定的质量问题。若是前者，则对包装进行优化；若是后者，则可以基于该商品的销量情况，判断是否还要继续销售。如果继续销售，那么首先和现有供应商进行沟通，要求其对商品质量进行改进；如果现有供应商无法改进，就需要寻找其他能够满足品质要求的供应商。

Temu 根据商品的品质分，会对售后商品做出相应的处罚。具体标准如下。

● 90~100 分（品质款）：若出现售后质量问题，则平台不结算该笔订单货款，卖家无须承担赔付金。

- 70～89 分（常规款）：若出现售后质量问题，则平台不结算该笔订单货款，卖家需按照申报价的 1.5 倍承担赔付金。

- 60～69 分（次品款）：若出现售后质量问题，则平台不结算该笔订单货款，卖家需按照申报价的 2.5 倍承担赔付金。

- 60 分以下（不合格款）：若出现售后质量问题，则平台不结算该笔订单货款，卖家需按照申报价的 5 倍承担赔付金。

对于品质分较低的商品，是否必须采取下架处理？其实未必。品质分较低，但是销量情况很好，就意味着商品本身的市场需求很大，且在某些方面其他竞品难以替代。

卖家需要结合商品评价评分、商品售后问题来综合判断，看一看能否对商品进行一些简单的优化处理，如前面所说的包装等方面。另外，对于部分高毛利、JIT 模式的商品，如果商品的利润能够覆盖潜在的赔付处罚，则依然可以保持售卖，只是库存方面要做好把控。

针对这类品质分低、销量情况很好的商品，卖家还应该结合客户和平台反馈的问题，持续寻找优化方式，逐渐减少商品的售后问题，提高品质分，或者另外上新的链接。

3.11　跟价与竞价

因为 Temu 的全托管模式和半托管模式的定价机制主要由 Temu 主导，所以为了确保卖家提供的商品价格有竞争力，降低 Temu 国内仓储及物流的成本，Temu 会定期对同类商品进行价格监测，并要求卖家进行跟价或竞价。

1. 跟价

如果 Temu 上存在低价同款商品，Temu 就可能会要求卖家在特定时间内调整价格，以确保商品在同类商品中具有竞争力，这就是跟价。卖家如果未按 Temu 要求成功跟价，商品就可能会被限制流量和备货，直到卖家成功跟价后，才会解除流量和备货限制。

卖家在"商品管理"模块点击"商品跟价"选项，即可查看是否有需要跟价的商品，如图 3-40 所示。

2. 竞价

竞价期间的商品往往销售情况较差。Temu 会每周进行一次同款商品的竞价，在商品竞价期间，卖家需要及时对商品进行价格调整，以确保价格具有竞争力。竞价失败的商品，可能会被限制备货，并需进行下架处理。

卖家可以在"商品管理"模块点击"竞价管理"选项，查看自己有没有参与竞价的商品，如图 3-41 所示。

图 3-40

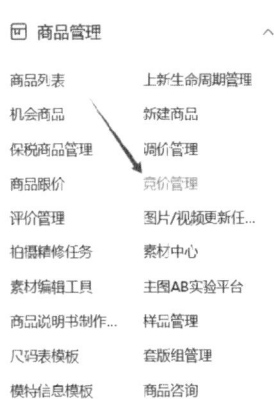

图 3-41

卖家应定期检查有没有商品需要跟价或竞价，并综合考虑商品的销量、利润、品质分等因素，判断是否参与。

一般来说，跟价是可以选择性参与的。如果卖家发现竞品的价格明显低于生产成本，比如一个铜材质的装饰品，按照重量及基本工费，生产成本可能需要 35 元，却有同款商品申报价只有 15 元，这很可能是其他卖家为了清库存。在这种情况下，卖家可以先不跟价，借助 Temu 选品助手等工具，关注竞品库存，往往在竞品售罄后，Temu 就会自动解除流量限制。此外，卖家也可以主动向 Temu 发起申诉。

3.12　评价与售后

许多卖家会关注商品的品质分、商品评分，却很少关注商品评价与售后问题。做好对评价与售后问题的管理，是确保商品质量，及时发现潜在问题并进行优化，以及把控卖家最终净利润的关键。

卖家在"商品管理"模块点击"评价管理"选项，可以看到所有商品的评价汇总，如图 3-42 所示。

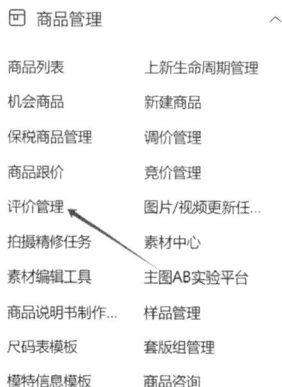

图 3-42

在每一条评价中，卖家都可以看到客户的具体评价内容、晒图及评价时间，可以通过这些信息来了解商品在客户感知中的实际表现、运输中是否存在问题。

如图 3-43 所示，在 Temu 卖家中心的首页顶部，点击"Seller Central"（卖家中心）按钮，选择授权区域。进入 Seller Central 页面后，点击"售后管理"选项（图 3-44），即可查看所有商品的历史售后信息，包括商品信息、对应商品的品质分、售后罚款倍数、客户售后申请原因等。

要注意的是，这里看到的售后情况，只是我们所选的授权区域的情况。全托管模式店铺的卖家，或店铺是半托管模式但有多个站点的卖家，应记得在"Seller Central"页面顶部切换授权区域，避免只看了美国，却忽略了欧区和全球其他区域站点的情况，如图 3-45 所示。

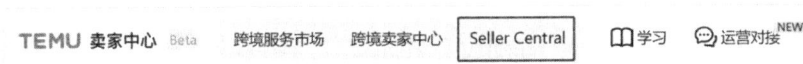

图 3-43

图 3-44

图 3-45

因为 Temu 的回款和品质分存在一定的滞后性，所以卖家可以自己做一个每日运营记录表，并在表中做好新增非 5 星好评的数量记录，以及新增售后问题的数量记录，避免忘记查看评价或售后问题板块，也能更好地通过数据变化，寻找并分析商品和运营中存在的问题，及时做相应的调整处理。

3.13　合规中心

如图 3-46 所示，卖家可以通过 Temu 卖家中心的"合规中心"页面，查看商品在相应国家或地区站点所需要的合规材料及资质要求，并进行相应材料的提交上传。

此外，卖家经常需要做的商品标签实拍、商品资质上传、负责人信息申报等操作，也是在合规中心完成的。

1. 商品标签实拍

卖家进入合规中心后，点击"商品实拍图"选项进入相应页面，如图 3-47 所示。在此，卖家需上传带标签的商品实物图片，确保标签清晰、完整，符合目标市场的法律法规要求。

上传图片后，系统会对图片进行识别，如果识别结果显示异常，那么卖家需根据提示进行调整，并重新上传。如果卖家的商品标签不合规，那么可能导致商品无法发货、入库被拒收，以及商品下架等。

关于商品标签规范，可以看 5.5 节。

图 3-46

图 3-47

2. 商品资质上传

如图 3-48 所示，卖家在合规中心点击"商品资质上传"选项，进入相应页面，即可查看商品在不同站点售卖所需要的资质，并上传。

如果站点有资质要求，但卖家未上传相关资质，商品就会在该站点下架，在其他没有资质要求的站点则不受影响，可以正常售卖。

商品的资质繁多且复杂，常见的资质及价格详见 4.3.1 节。

3. 负责人信息申报

若商品在欧盟销售，就需要填写欧盟地区商品销售负责人的信息，也就是卖家经常听到的"欧代信息"。卖家可以自行在 Temu 服务市场寻找服务商进行办理，服务商会给卖家提供相应的欧代信息和授权，卖家在"合规中心"点击"负责人信息申报"选项，即可添加负责人的信息，如图 3-49 所示。

卖家需要注意的是，填写的制造商名称、地址、电子邮箱等信息，要确保与实物标签和相关资质文件一致。

图 3-48

图 3-49

4

第 4 章

高效选品的底层思维与方法

4.1 选品：Temu运营的核心

"七分选品，三分运营"，这是电商卖家耳熟能详的一句话，讲明了选品的重要性。在 Temu 上，运营的成功与否，在很大程度上取决于选品。

选品的重要性人人都懂，但是，很多卖家之所以店铺销量或利润不佳，往往是因为没有建立正确的选品思维。这就导致一些卖家觉得选品很难，甚至做出了很多错误的判断，最终导致投入产出比不佳，卖家逐渐失去了信心。

对于 Temu 卖家而言，商品好坏的标准其实并非恒定的，需要结合卖家的自身情况、资金量、市场环境、时间节点、竞品等多个维度来动态判断。同一款商品在其他平台上卖得好，在 Temu 上可能几乎没有销量；其他卖家的商品销量还不错，自己的同款商品可能几乎没有销量；从 6 月到 9 月卖得很好，在其他时间段可能几乎没有销量。此外，针对 Temu 全托管模式和半托管模式，选品思路也是不同的。所以，只有建立动态且正确的选品思维，才能够得到更好的结果。

还有一些卖家过度纠结于数据，却忽略了这些数据的基数。在销售了少量几款商品且类型还有较大差异的情况下，就贸然得出一个结论。数据的反馈固然是决策的重要依据之一，但数据基数过小，就会导致结果的随机性和不确定性大幅提升，最终结果并非市场真实需求的反馈。所以，前期进行充分的选品调研和测款，在有了一定量的数据反馈后，不断总结规律，培养自己的选品感知，当能够对类目及商品相关信息，如成本、利润、产地、竞争程度、市场容量、专利等越来越了解，甚至能脱口而出时，就能够实现选品从慢到快、从快到准，甚至根据自己的分析判断，可以准确地对商品提出优化改进的方案。

4.2 常见类目分析

许多新卖家常常会陷入一个误区，就是执着于寻找所谓的"好类目"。事实上，类目本身并无绝对的好与不好，关键在于卖家所选择的类目与自身实际情况是否契合。以下是常见类目的一些特点及分析。

- **3C 类目**：这类商品更新换代快，注重功能创新。客户对部分商品的品牌认知度比较高，但如果在价格和功能上能够取得平衡，非品牌的商品也能够取得不错的销量。商品需要满足目标销售国家或地区的各类电子产品安全认证标准，比如欧盟的 CE 认证、美国的 FCC 认证等。

- **运动户外类目**：这类商品主要注重专业性、耐用性和功能性，商品的尺码标准需要与目标市场适配，该类目下的许多商品的季节波动性较为明显。在选品时，可以着重挑选那些充分考虑到便携性和收纳设计的商品，此外，融入了时尚元素的商品能够更好地吸引年轻客户。

- **厨房用品类目**：这类商品在几乎所有国家或地区都有着稳定的市场需求。欧美地区的客户更追求商品的多功能性和品质，亚洲地区的客户则更追求商品的实用性和性价比。欧美地区有家庭聚会的文化，在感恩节、圣诞节等节日期间，与烘焙和烹饪相关的商品的销量会大幅增加。与食品接触的厨房用品，需要符合食品安全标准，部分国家或地区对商品的材料成分还有严格的规定，卖家需要对供应链做好把控。

- **母婴用品类目**：欧美发达国家对母婴用品的品质和安全性要求极高，卖家在选品时，要注意避开那些有尖锐边角和有易脱落小零件的商品。此外，母婴用品的生产和销售需要符合严格的质量和安全标准，比如欧盟的 EN 标准、美国的 ASTM 标准等。部分母婴用品还需要经过特定的测试和认证，如婴儿车的稳定性测试、安全座椅的碰撞测试等。

- **宠物用品类目**：越来越多的客户将宠物视为家庭成员，宠物陪伴的需求推动了宠物市场体量逐年增大。宠物用品具有多样化和个性化的特点，不同国家或地区的宠物偏好和消费习惯存在较大差异，比如许多美国人会热衷于在庭院中设置蜂鸟喂食器，而这种情况在国内是很少的。

- **五金类目**：五金类目下的细分商品可以达到数十万种。欧美地区 DIY（Do It Yourself，自己动手）文化盛行，日常维修、家居装饰场景都促使五金商品销量可观。但五金商品多为金属材质，重量大，尖锐部位需要做好保护，同时，特别是像电动工具类商品，说明书要尽可能详细。

卖家如果要深耕某一类目，就一定要考虑多种因素。一方面，卖家要了解该类目下的细分类目及其相应的特点，如商品特性、市场需求、竞争激烈程度及认证标准等；另一方面，卖家也要评估自己的资金、资源和供应链优势，从而实现精准匹配和优势匹配，而不是盲目跟风，追求所谓的热门类目。毕竟，适合自己的才是真正的"好类目"。

4.3 如何评估商品的风险

在选品的过程中，有一个很容易被卖家忽略，却又风险很高的问题——商品的风险评估。如果卖家在选品的过程中，稀里糊涂地选中了侵权商品，就很可能钱货两空。下面将从商品合规认证风险和商品知识产权风险两个主要方面，深入探讨商品风险评估的要点与方法。

4.3.1 商品合规认证风险

商品合规认证是确保商品能够在目标市场进行合法售卖的关键因素。不同的国家或地区对于各类商品有不同的标准要求。在 Temu 上，商品需要有相应国家或地区所要求的资质证明文件或权威检测报告，才能进行售卖。

认证检测过程通常耗时较长，从数周到数月不等，其时长主要取决于商品的复杂程度、检测项目，以及相关认证机构的工作效率。同时，认证费用也因商品类别、检测项目的不同而存在显著差异。为了帮 Temu 卖家更好地了解认证成本与周期，笔者精心整理了 Temu 卖家常见认证项目、价格范围及大致周期，如表 4-1 所示。考虑到商品类别、复杂程度、检测标准、检测机构的不同对费用和周期有着显著影响，此处列举的价格和周期，主要围绕常规商品展开。

表 4-1

认证项目	常见商品类别	价格范围/元	周期/天
CE 认证（欧盟）	电子电器商品、玩具、医疗器械等	300～1500	4～35
FCC 认证（美国）	电子产品、通信设备等	3000～8000	15～30
RoHS 认证（欧盟）	电子电气设备	200～1500	4～7
UL 认证（美国）	电器设备、电线电缆等	1000～10000	5～7
CPC 认证（美国）	适用于 12 岁及以下儿童的玩具、服装、用品等	500～3000	5～7

续表

认证项目	常见商品类别	价格范围/元	周期/天
GCC 认证（美国）	所有一般用途的商品（非儿童商品）	500～1500	5～7
FCM 认证（美国）	食品接触类商品（如陶瓷餐具、塑料餐具、厨具等）	400～1200	5～7

如果想查看商品具体的检测标准，那么可以在 Temu 卖家中心找到"商品资质上传"模块，查看所有需要资质的商品。找到想查询资质需求的商品，点击商品对应的"上传资质"选项，即可查看相应上传资质要求和检测标准。

如图 4-1 所示，方框圈起来的部分就是该商品的 CPC 检测标准。卖家在和检测机构对接时，可以把商品这部分的截图发给对方，让对方更准确地了解商品的检测标准，给出准确的报价。

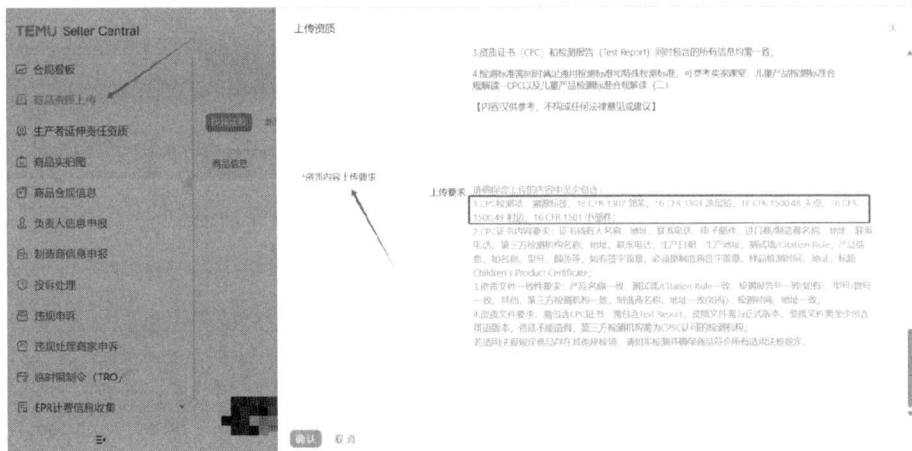

图 4-1

这里要提醒卖家的是，选择正规、权威的认证机构至关重要。如果卖家委托的检测机构不具备相应资质或不符合规范，即使商品本身可能符合标准要求，所获取的检测结果或认证文件也不被平台承认，在售商品也会被下架处理。所以，卖家在寻求商品认证服务时，务必要筛选正规、权威的检测机构，而不是一味地寻求低价机构。

4.3.2 商品知识产权风险

商品知识产权风险主要涉及商标侵权、专利侵权、著作权侵权等方面。许多卖家在经营过程中，或因对知识产权的忽视，或因心存侥幸，而有意或无意地销售侵权的商品。这类侵权商品往往在短期内会有不错的销售数据，但在销售过程中商品可能被系统判定为侵权或遭遇投诉，导致滞销或被下架，严重的甚至账号受限，资金被冻结，直至卖家被追究法律责任。

1. 商标侵权风险

卖家在选品时，务必仔细检查商品及包装上是否有相关商标。以美国市场为例，最常见的商标类型为文字商标和设计商标。

- **文字商标**：文字商标由字母、数字、单词或其组合构成。商品上面的文字商标比较容易察觉，但卖家要注意的是，在参考其他卖家的标题时，不要使用其他卖家填写在标题中的文字商标。

- **设计商标**：广义的设计商标可以包括标准字符以外的任何元素，如艺术字体、图像、图形、符号及其他设计元素等。很多设计商标会直接印在商品主体上，以玩具类目里的"飞碟球"为例，该商品在美国的发明专利虽已过期，但是专利方还申请了美国图形商标，并将其印在商品主体上。该图形商标在商品主体上看起来就像商品本身的花纹，对新卖家来说很难辨识。在 1688 等平台上，能够找到大量印有该图形商标的商品，如果卖家售卖了印有该图形商标的商品，就可能侵权。

此外，商标有地域性。如果想做品牌运营，那么半托管模式卖家可以针对目标市场的国家或地区进行商标注册，全托管模式卖家则可以依据商品的主要销售地区进行商标注册。

此外，卖家可能会发现，一些商品名称后面有"TM"标识，还有一些商品名称后面则是"R"标识，如图 4-2 所示。

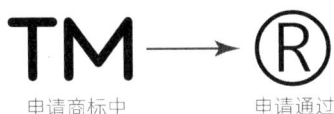

图 4-2

简单来说，这是因为商标的注册需要时间，"TM"标识表示已经提交了商标注册申请，但还处于审查阶段，"R"标识则表示商标已经注册成功，且受法律保护。以下是"TM"标识和"R"标识的具体区别。

1）"TM"标识

- **含义**："TM"是英文"Trade Mark"的缩写，即商标的意思。它并非严格意义上的法律术语，只是表示该标识是作为商标来使用的，起到一定的提示和区别作用，告知他人这个标识是用于区分商品或服务来源的。

- **使用阶段**："TM"通常在商标申请提交后，还未获得商标注册证书之前使用。此时，商标可能处于审查等过程中，尚未完全获得商标专用权，但申请人已经在使用该商标，并希望通过"TM"标识来表明其商标使用意图和对该标识的主张。

- **法律意义**：虽然标注"TM"的商标能在一定程度上受到法律保护，比如可以依据《反不正当竞争法》等法律来维护权益，但是这种保护较弱，主要是基于其实际使用而产生的市场识别性和商誉等方面的保护。

2）"R"标识

- **含义**："R"是英文"Registered"的缩写，意为"已注册的"。它表明该商标已经通过商标局的审查，成功获得了商标专用权。

- **使用阶段**：只有在商标正式注册成功后，才能在商标上标注"R"。这是商标注册人对其商标专用权的一种明确标识和宣示。

- **法律意义**：带有"R"标识的商标受到法律的严格保护，商标注册人享有排他的专用权，未经其许可，他人在相同或类似商品上使用相同或近似商标的，可能构成商标侵权行为，商标注册人可以通过法律途径追究侵权人的法律责任，要求停止侵权、赔偿损失等。

由于标有"TM"标识的商标尚未注册成功，所以存在注册失败的风险，如果遇到商标注册被驳回、有异议等情况，就可能导致卖家最终无法获得该商标的专用权。在商标注册成功后，只要卖家遵守相关的法律法规，做好维护，就基本不会出现问题。如果找第三方办理商标注册，那么一定要找正规代理机构，并做好对其相应的资质审查。

2. 专利侵权风险

全球的专利制度，主要分为外观设计专利、实用新型专利和发明专利，分别对商品提供特定方面的保护。不同国家之间也是有区别的，比如在美国的专利制度中就没有专门的实用新型专利。

与商标侵权的直观、易于察觉的特性相比，专利侵权更具隐蔽性。

- **外观设计专利**：外观设计是指商品的整体或部分外观形状、图案、色彩及其结合所产生的独特视觉效果。外观设计专利保护的是商品的外观设计方案，这种设计可以通过商品实物、照片、绘画或纺织品等载体呈现。在海外市场中，不同的国家对于外观设计专利的保护力度和判定标准虽有所差异，但总体上都致力于防止客户对商品来源产生混淆。比如，一款造型独特的智能灯具申请了目标市场的外观设计专利，那么其他卖家的商品即使在功能上有所差异，只要外观相似，就也有可能构成侵权。

- **实用新型专利**：针对商品的形状、构造或者其组合而提出的，具备实用性的新的技术方案，可以申请实用新型专利。以海外常见的家居清洁工具为例，如一款新型的多功能拖把，其独特的拖把头结构已经获得了实用新型专利，其他卖家如果在未经授权的情况下，生产或售卖类似结构的拖把，就侵犯了该实用新型专利。所以，这就需要卖家特别是工厂型卖家对商品结构特点进行深入研究，消除商品的侵权隐患。

- **发明专利**：发明专利保护的是与商品、方法相关的新的技术方案，通常涉及较高程度的技术创新。发明专利的检索相对复杂，许多专利涉及商品内部的技术细节。所以，卖家如果销售的是容易侵权的类目，那么可能在毫不知情的情况下，就侵犯了发明专利。

目前，市场上已经有许多能够通过图像识别技术和专利数据库对比，快速对商品是否存在外观专利侵权进行初步排查的工具。但对实用新型专利和发明专利而言，卖家在排查是否侵权时复杂得多，需要不断地学习相关专业知识，从而避免陷入专利侵权的困境。

此外，在全托管模式店铺上架商品时，平台可能会审核出商品侵犯了某个国家或地区的知识产权，这时平台会自动下架对应站点的相关商品。但也存在平台未审核出的情况，这就需要卖家手动申请下架对应站点的相关商品，其具体操作流程详见 5.3.5 节。

3．著作权侵权风险

许多卖家在运营的过程中，为了降低成本、缩短商品上线时间、快速提高销量，可能会直接盗用其他卖家的商品图、详情图，或者销售一些印有热门动漫形象、图片作品的商品。这种行为轻则导致销售中途被投诉下架，重则导致店铺被冻结，卖家被追究法律责任。

首先，关于图片著作权，许多卖家有一个误区，就是只有对方申请了著作权，自己用了对方的图片才会构成侵权。其实不然，根据著作权相关法律法规，作品自创作完成之日起，创作者即拥有著作权，而申请著作权登记，只是一种公示和强化权利的手段，并非获取著作权的必要条件。所以，"原图"即自带著作权。对方只要向 Temu 进行举报，并上传原图，就可能导致盗图卖家的商品被下架。

其次，对于那些印有各类热门元素的商品，卖家也需要保持警惕。对于一些热门动漫的元素，卖家往往很容易就能够判断出来。但也有一些与地方文化相关的动漫形象、艺术作品，由于文化差异，卖家可能难以分辨，这就需要卖家有一定的敏感度，对不确定的元素通过多种渠道进行查询、核实，或者咨询有经验的卖家、供应商。

最后，在著作权授权方面，部分卖家试图通过一些非正规渠道或服务商，获取所谓的"著作权授权"，但这些授权往往有诸多风险。最常见的就是授权声称涵盖了某些知名形象或作品，但实际上其可能只是在有限的地域范围内（如中国境内）有效，这就需要卖家对著作权方的授权声明做好充分的调研。

Temu 卖家在选品过程中，应当尽量地避免销售可能侵权的商品，避免为了追求短期的效益，而带来难以预估的损失。

4.4　三种运营模式：精品、精铺和铺货

不同的卖家往往有不同的运营策略。这些策略之间，有时候似乎还存在着

"歧视链"，部分卖家往往会对自己所信奉的模式深信不疑，而对其他模式有所偏见。笔者认为，做跨境电商运营，应该保持开放包容的心态，以多元兼容的视角去审视每一种模式，因为对卖家而言，不存在绝对完美的运营模式，精品、精铺和铺货三种运营模式各有优劣。图 4-3 所示为这三种不同运营模式的商品范围。

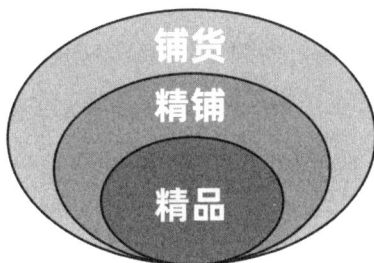

图 4-3

卖家处在不同的发展阶段，商品类目不同，资金实力不同，就需要灵活采用不同的运营模式。

4.4.1　精品模式

精品模式，顾名思义就是通过精细化运营打造爆款商品。这种模式更适合深耕垂直赛道的卖家。卖家需要对目标市场进行深度调研，深入了解市场规模和竞争情况，深入挖掘客户的需求、痛点、审美偏好。

这种模式下的商品，具有显著的差异化优势，市场竞争力强，同款少且附加值高，能够支撑较大的利润空间。但这种模式也存在着前期投入大、风险高的问题，对资金、运营能力与供应链有较高的要求。

很多卖家可能会觉得精品模式并不适合 Temu，其实不然。对于有设计、生产能力的工厂型卖家，如果能深入分析 Temu 的主要客户画像，对其他平台销量一般的商品有针对性地进行优化，在 Temu 上可能会取得不错的销量。

4.4.2　精铺模式

精铺模式介于精品和铺货两种模式之间，在选品方式上，它偏向于精品运营模式，但精细化程度稍低，对上传的 SKU 数量要求更多，同时，它又不像铺货模式那么"随便"。

在这种模式下，卖家需要寻找具有一定市场潜力且竞争相对缓和的商品，有能力的卖家还会对其进行适度的品牌包装。与精品模式相比，精铺模式的前期投入成本更低，能够涵盖更多的客户群体，降低了单一商品的风险，但是，因为这种模式的门槛不高，所以比较容易被其他卖家模仿，市场竞争压力较大。

4.4.3　铺货模式

铺货模式是一种相对粗放的运营模式，卖家在选品环节投入精力较少，主要是利用平台的流量分配规则，通过大量上传商品来达到"以量博利"的效果。

在运营流程上，采用铺货模式的卖家通常会借助自动化的商品采集工具来快速采集商品信息，完成上架。

在 Temu 发展初期，有大量的客户涌入，而商品的 SKU 丰富度不足，许多卖家靠这一模式赚取了丰厚的利润。

不过，虽然铺货模式的门槛低、操作简便，但是存在明显的弊端。一方面，盲目的铺货使得卖家对市场需求的判断分析不足，很容易引发库存积压和滞销等问题；另一方面，在铺货模式下，卖家更依赖商品数量的扩充，难以深入钻研市场需求、商品特性及运营技巧等，使得个人的能力提升非常有限。

4.5　新卖家的选择

不少新卖家在起步阶段，往往会纠结是专注于上品（商品的上架，指铺货模式），还是专注于选品（指精铺或精品模式）。

笔者的建议是，在运营初期，不妨适当地侧重于上品方面的工作。在选品环节上，可以结合本书所提到的一些方法，并适当参考个人的直觉判断，挑选一些市场需求较大、竞争相对缓和的商品，以小规模铺货为主，快速熟悉平台的运营流程和规则，避免陷入过度思考却缺乏实际行动的陷阱。

在运营过程中，卖家对卖得好的商品，应当仔细剖析其畅销的原因，进而寻找与其相关的商品，并通过销量反馈来验证这些结论；对那些卖得不好的商品，也应当认真总结其滞销的原因，以便在日后的选品过程中避开这些不利因素。

随着经验的增长和积累，卖家可以逐渐实现转型，通过从最初的小规模铺货模式向精品模式过渡，提高自己的利润额和运营能力。

4.6　选品要注意的9个方面

很多卖家在选品时，都有自己的选品标准。笔者结合自己公司的运营经验，总结了选品要注意的 9 个方面。这些注意事项并非适合所有卖家，但对大部分中小卖家而言，都有一定的参考价值。

1．现金流

现金流即可用于周转的资金。无论是公司还是个人卖家，都要结合自己的资金情况来制定运营模式及选品策略，将自己的店铺视为一个完整的生意体系，要兼顾各个环节。在实际运营中，许多大卖家陷入经营困难的根源往往不是选品能力或运营能力不足，而是现金流出了问题。对于刚起步的中小卖家而言，在选品时，不要盲目地追求爆品，更不要按照最理想的销售状态去备货，应当依据平台的回款周期、自身资金状况和所选择的模式进行合理的规划。

2．隐性成本

在运营 Temu 账号的过程中，存在着诸多隐性成本，许多卖家在追求销量的过程中，持续地降低申报价，虽然有利润，但忽略了资质办理、打包、物流、售后、丢件等成本。再者，Temu 的营销活动费用虽然并非硬性支出，但是卖家如果想提高商品的链接权重，往往不得不参加平台的各类促销活动，半托管模式卖家还要进行广告投放，这些都是运营中的隐性成本和额外成本。所以，卖家在选品时，一定要把控好商品的毛利和毛利率。

3．主观意识

工厂型卖家和个人卖家在选品时往往喜欢凭个人喜好，而忽略了国外市场与国内市场的差异。做跨境电商一定要深入地了解目标国家或地区客户的需求和消费习惯，养成一切以数据说话的习惯，避免对过往经历和主观意识的依赖。当然，我们也不能全然否认主观意识的作用，对于垂直类目而言，兴趣往往能够驱动卖家投入更多的时间和精力，去钻研该领域内的商品知识，更好地挖掘客户的潜在需求，从而打造出受到客户欢迎的商品。即便如此，笔者还是要强调，对于选品，数据一定是最关键、最核心的导向标。

4．低价商品

Temu 的早期发展策略就是主打低价优势，这让许多卖家误以为只有低价商品在 Temu 上才能卖得动。其实，如今 Temu 的客户群体已经非常丰富，低价商品虽然容易出爆款，但是竞争非常激烈，如果要想保持原有的利润空间，商品的生命周期可能就会很短。所以，选择一些有市场需求且客单价较高的商品，短期的销量或许不高，但从长期来看，却能为卖家带来持续且稳定的回报。

5．体积重量

在选品时，应该尽可能避开一些体积大、重量沉的商品，这类商品不仅运费高，会大幅压缩利润空间，而且发货较慢。特别是全托管模式店铺，轻小件一般从 Temu 国内仓发往海外，采用的是空运，配送较快，而对于体积大、重量沉的商品，Temu 一般会采用海运的形式，这就导致商品在配送时效上竞争力不足。当然，对于资金充裕也有供应链优势的半托管模式卖家来说，销售体积大、重量沉的商品并非不可，从运营角度来说，这也是一种优势。

6．变体数量

新卖家在选品时，应该尽可能避开变体数量过多的商品。以服装为例，在同一个款式下可能有数十种尺码，没有人能确保选品一定会成功，商品是否好卖，还需要市场的验证，也就是测款，而变体繁多的商品，则会大幅占用卖家有限的资金，压缩可测款商品的数量。新卖家在资金较少、运营经验不足的情况下，为了提高资金的利用效率，应当将资金用在更多的商品上，从而提高成功的概率。

7．功能复杂程度

功能单一的商品有两个主要的优势，一是运营操作简单，售后问题较少，降低了卖家的售后成本，二是容易进行商品组合，只要运用恰当的组合策略，不仅商品核价相对容易通过，有着不错的利润，还容易打造成热销商品。关于商品组合的策略，详见 4.12 节。

功能复杂的商品会产生更多售后问题，这可能并非商品本身的问题，而是因为卖家不会使用或操作不当所导致的。另外，对全托管模式卖家而言，还需要制作并随商品附上十几种语言的说明书。所以，与功能复杂的商品相比，功能单一的商品更容易运营。

8. 商品质量

很多电商卖家在选品时，常常会走向两个极端。一部分卖家特别是工厂型卖家，一味地追求质量，而在运营过程中发现，由于商品价格过高，远远超出了大部分目标客户的心理预期和实际购买力，使得商品销售情况不佳，甚至浏览量都很少。还有一部分卖家特别是中小型卖家，在选品采购的过程中，过于关注供应商的价格优势，而忽略了对商品质量的把控，最终导致商品被迫下架及平台售后罚款。

对客户而言，"高质量、高价格"是很难受欢迎的，除非是高端品牌或者独一无二的商品。对大部分电商卖家而言，商品质量只需要中等即可。"中等质量"既能保证大部分客户在收到商品时符合预期，又能保证价格有竞争力、有合理的利润空间。

9. 周期性或季节性

周期性或季节性商品的销售情况与特定的时间周期或季节变换密切相关，所以如果卖家没有把握好备货周期，就很容易出现商品滞销，造成库存积压，大量的资金被短期内无法变现的商品占用，导致巨大的资金周转压力。非周期性或季节性商品的市场需求相对稳定，可控性更高。

4.7　什么是抛货

抛货也称为泡货，是物流运输领域里非常重要的一个概念，指那些体积大、重量轻的货物。简单来说，抛货就是货物的体积重量大于实际重量的商品。

这些商品或许不重，但因为在运输过程中会占用较大的空间，所以运输成本一般不会按照实际重量来计算，而是按照体积重量来计算，即：体积重量（千克）=长（厘米）×宽（厘米）×高（厘米）÷系数（常见的有5000、6000等，对于不同的物流服务商可能会有所不同）。

例如，一个包裹的长是 50 厘米、宽是 40 厘米、高是 30 厘米，按照 6000 的系数来计算体积重量，则其体积重量=50×40×30÷6000=10（千克）。即使这个包裹的实际重量只有 5 千克，在计算运费时，也会按照 10 千克的体积重量来收费。

抛货的运费是按照体积重量来计算的，导致抛货的运输成本较高。所以，在选品时，一定要判断商品是否属于抛货，并将相应的运输成本计入商品成本中，避免有销量没利润。

4.8　为什么感觉选品很难

在选品过程中，许多卖家深感艰难，原因主要有以下几个。

第一，**单纯依赖销量数据，盲目跟卖，选品缺乏差异化**。在任何一个电商平台，商品如果没有任何差异化的优势，就很容易陷入激烈的价格"内卷"中，而过低的利润难以支撑各种营销活动，最后使店铺陷入恶性循环。

第二，**没有了解商品好卖的真正原因**。仅仅看到了商品的高销量，却没有对其热卖背后的核心原因做分析，比如商品的功能特性、细节卖点、图案元素、市场趋势以及客户定位等。这种表面化的认知，使得卖家的选品更靠运气，而无法成功地"复制"热卖商品。

第三，**缺乏对目标市场当地文化和热点元素的了解**。全球各地的文化背景、消费习惯、审美标准及流行趋势千差万别，这就要求我们在选品时一定要关注商品所蕴含的一些文化特质。比如，一件印有某地俚语的衣服销量可观，卖家可能草率地认为其畅销原因是衣服的款式或文字的字体效果，从而生产了大量的同款衣服，最终却发现销量惨淡。实际上，这款衣服卖得好的原因，很可能是上面印的俚语承载了当地某种特定的义化内涵,从而引发了客户购买的欲望。找到了这一核心原因,就可以顺势拓展思路,发掘其他印有该俚语的各类商品,且可能都有不错的销量。

第四,**没有充分了解不同类目的商品,并匹配适合的方法**。每个类目的商品打造、市场周期和竞争情况都不相同,需要卖家有针对性地运用不同的选品策略。比如,对销售 POD 服装的卖家而言,核心就是印花图案,因此卖家需要搜集大量的热点元素与图案;而户外服装的选品重点则更倾向于收纳空间、防水透气等功能性方面。在 4.11 节中,我们会详细阐述各类选品方法,卖家可以结合自己的经营情况,灵活选择相应的选品策略。

4.9　商品竞争力分析

商品竞争力就是指商品在平台上的销售能力和竞争优势。在实际运营中,我们经常会发现,明明是同款商品,但其在不同店铺的销量表现大相径庭,自己的商品销量平平,而别人的同款商品却卖得非常好。其原因就是商品竞争力的差异。

4.9.1　商品竞争力的关键指标

在 Temu 上,商品竞争力主要有以下几个关键指标。

1. 申报价

在 Temu 上,卖家商品的最终申报价会影响 Temu 展示给客户的价格。以全托管模式为例,在前端价格不变的前提下,申报价越低,Temu 的利润就会越高。那么,对于同款商品,Temu 自然会给申报价更低的一方更多的流量。但要注意的是,申报价并非决定 Temu 流量分配的唯一依据。

2．评分

这里说的评分其实包含两个，一个是客户的评价评分，另一个是商品的品质分。以全托管模式为例，评价评分分为美国、欧区和全球其他地区的评价评分，如果对应范围内的客户评价数超过 10 条，评价评分低于 4.3 分，那么商品会直接在该区域下架。品质分则直接决定了售后罚款金额。此外，若商品的评价评分大于 4.6 分，且品质分达到 90 分以上，Temu 就可能会对其进行额外的投流（平台外部广告投放引流）和推流（平台内部推荐额外的流量），给予商品更多的曝光机会。

3．优质评价

商品获得正向的优质评价，不仅能为潜在客户提供参考价值，提高商品转化率，还能推动平台给该商品更多的自然流量，让其在类目或关键词搜索排名中更靠前。卖家对差评也要做好实时关注，并根据客户的反馈，判断是商品本身的问题，还是包装之类的问题，然后尽快做出相应的调整优化，避免影响商品后续的评价评分或品质分。

4．库存深度

无论是全托管模式还是半托管模式，如果商品的库存量过低，系统就可能对其减少流量推荐。对于评分相对稳定的商品，卖家可以适当增加库存深度，以达到让平台推荐更多的自然流量的目的，同时，也可以避免因售罄而导致的商品链接权重降低。

5．关联流量

自己的商品与其他同类目、同款商品建立有效关联，借助平台的推荐算法、相关商品交叉推广等渠道，可获得更高的曝光率和转化率，这就是关联流量的实现方式。对于全托管模式店铺，尤其是 Temu 上暂无同款的新款商品，商品的标题、图片及其他属性需精准引导系统算法识别其目标客户。如果识别不准确，就很可能导致转化不佳，平台的推流也会越来越少，这也是很多新品没有销量的原因之一，在这种情况下，卖家可以通过优化标题和商品信息，实现链接的重新激活。对于半托管模式店铺而言，则可以通过投流的方式，加快提高精准转化率，推动商品获取更多的关联流量。

6. 点击转化率

点击转化率与商品的标题、图片、营销活动标识、SKU 及营销工具配置等紧密相关。商品的点击率主要取决于标题、图片和营销活动标识，而转化率则更多受图片、SKU、营销活动标识及营销工具配置的影响。点击转化率越高，商品的搜索排名越高，Temu 给予的推荐流量就会越大。

4.9.2　商品卖不动的原因

1. 申报价过高，Temu减少推流

许多新卖家往往会试图绕过 Temu 的核价系统，但大部分核价较低的商品，都存在前端在售同款数量过多的情况。比如同一款商品，前端可能已经有十几家店铺在销售，供应趋近于饱和状态，或者是商品虽然在前端没有同款，但是平台算法发现类似款的商品普遍销量不佳。

卖家的商品即使绕过了平台的核价系统，获得了一个较高的申报价，但与同款或类似款商品相比，其在前端的价格也可能会显得"虚高"，导致点击率和转化率过低，最终影响平台的后续推流。

所以，对大部分卖家而言核价也是一种保护机制，要尽量做到以合理的价格申报。对于申报价过低的商品，可以结合前端竞品的情况，巧妙运用组合销售、颜色变换等策略，打造差异化优势。

2．与销量高的商品相比，销量和评价少，性价比不高

在电商平台上，客户往往会倾向于选择销量高、评价多的商品。

如果自己的商品比同款商品销量低、评价少，就可能让客户对其品质产生怀疑。

所以，卖家可以借助一些选品分析工具，尽可能避开在 Temu 上架较久的商品。

3．给客户提供的选择太少，转化率低

商品的丰富度直接影响客户的购买决策。如果卖家只有单一规格或款式的商品，那么无法满足客户的多样化需求，会导致转化率较低。

在运营 Temu 店铺的过程中，一个链接应设置至少两个 SKU。这样做有两个好处，其一是提高链接的转化率，促进平台的流量推荐，其二是稳定链接的资源位，避免因单 SKU 售罄，而导致原有的搜索排名被抢。

4．图片、视频丰富度不够，缺少卖点呈现

电商卖的首先就是图片。所以，如果图片或视频模糊粗糙、角度单一、细节不足，且未能突出商品的核心卖点，就难以激发起客户的购买兴趣，客户更容易选择竞品。

此外，有些卖点并非竞品特有的，很可能只是对方提取并展示了出来，从而更容易获得客户的选择。

商品如果符合以上条件，无论是通货还是私模，基本上都是有竞争力的，销量不会太差。当然，如果卖家对选出来的商品没有把握，也没关系，可以先上品测款再分析。

笔者在此也普及一下通货和私模的概念。

通货指在市场上广泛存在，外观、功能和材质等属性高度相似的商品。这类商品的价格主要由市场竞争环境决定，商品同质化严重，价格已被市场"定死"，卖家通常只能通过降低价格来促进销售，而上调价格往往难以被市场接受。

私模则是卖家自己定制的商品，是针对特定需求设计和生产的商品，具有独特的外观、功能或技术。这类商品的定价自由度较高，卖家可根据成本、品牌定位、市场需求等因素灵活调整价格。

虽然私模的利润空间会更大，但是，笔者建议在对市场没有足够的把握时，尽量以销售通货为主，或者在通货上做"微创新"。因为通货的市场需求往往会更加稳定，私模往往需要有一定的基础投入和拿货量，前期测款成本较高，经验不足的卖家，发掘的市场需求实际上可能是"伪需求"。

4.10 商品销量来源分析

商品销量的高低一定都有其对应的原因。深入剖析商品的销量来源，能够帮助我们了解该商品畅销的关键因素，为后续的商品挖掘和选品延伸提供参考。

1．商品功能

分析商品本身是否具有区别于竞品的独特功能或特点，可以通过商品标题、图片、视频、描述及客户评价等来了解这些差异点。

例如，标题是否精准传达了核心卖点，图片和视频是否突出了某种优势，客户评价中是否提到了与其他商品的区别。

2．应用场景

分析商品的应用场景，可以帮助我们发现潜在的客户群体和市场空白点。商品可能因类目、人群或使用背景的不同而表现各异。当商品针对特定职业、兴趣群体或年龄段时，其应用场景是否贴合客户实际需求，将直接影响其销量。

3. 流量来源

分析商品的流量是自然流量还是广告流量，是站内流量还是站外流量，是搜索流量还是推荐流量。只有了解了商品的流量来源，才能判断其是否适合Temu，以及明确自己销售类似的商品应该采用什么样的策略。

需要特别注意的是，如果商品是由其他平台带火的热点式商品，那么需要在热点形成初期抓住第一轮流量，如果卖家的备货周期较长，那么可能会错过或者已经错过热点周期，此时尽量不要跟风，热点过后这类商品的销量会急剧下滑。

4. 流量特征

商品的流量特征决定了市场竞争的激烈程度。如果流量主要来自垂直领域的精准客户，那么说明该商品在细分市场中的竞品较少，可以考虑深度挖掘类似的关键词或商品款式；如果流量较为泛化，那么需要进一步分析其来源，可以通过模仿来寻找其他潜力商品。

比如，有一款商品，已经有很多半托管模式卖家在投放广告了，那么就代表该商品的需求量大，竞争也激烈。该商品单靠自然流量可能销量并不会太高，这就需要卖家也进行广告投放，或者将该商品上架到需求偏好相似的其他海外站点，以此来避开竞争。

5. 季节和节日因素

商品的销量如果受到季节性因素或节日需求的驱动，就需要卖家提前做好规划和布局，应该至少提前 3 个月开始做相应的备货准备，同时，在季节或节日结束前完成库存清理，降低滞销的风险。

如果没有足够的时间提前布局，那么建议在选品时，先避开此类商品，以免造成资金和库存压力。

6. 热点元素

商品中含有某些特定的流行元素、图案或标识，往往可以增加商品的市场吸引力。

卖家可以通过有针对性的搜索，分析带有同类型元素的商品销量，以此做出判断。如果这些商品的销量表现良好，那么工厂型卖家可以将这些元素复制或进行改进，融入自己的商品中，从而提高自己商品的竞争力，而贸易型卖家则可以通过挖掘具有该元素的现成商品，或将该元素应用到其他类型的商品上，从而拓展自己的选品范围。

不过，在利用热点元素时，也要注意元素是否有知识产权，规避可能出现的侵权风险。

7. 价格优势

在商品功能与竞品没有明显差异的情况下，价格往往成为影响销量的决定性因素。值得一提的是，在 Temu 全托管模式下，平台前端的价格会根据供需情况，取一个"平衡价"。

笔者发现，当出现同款商品时，如果其申报价低于我们的申报价，平台通常会要求我们降价。若拒绝降价，则在一段时间后，我们商品的前端价格可能会被平台算法调整到更高的水平，而竞品的前端价格仍处于"平衡价"范围内。

在这样的情况下，客户自然会优先选择价格更低的竞品，这显然也是平台算法通过改变前端价格，对同款商品的搜索点击率和转化率进行干预的策略之一。

4.11　高效选品的8种方法

此前主要介绍的是选品的思路，本节将介绍 8 种对 Temu 卖家实用且高效的选品方法。

在介绍具体方法之前，我们需要明确一个核心理念：选品的目的是发现并满足特定消费群体的需求，而不是追求短期利益。所以，在选品过程中，卖家需要兼顾数据分析和市场洞察，结合平台的流量分配逻辑、自身的运营能力与供应链资源，避免因决策失误而导致库存积压或资金链问题。

本节的方法不仅适用于 Temu，也能为卖家未来进入其他跨境电商平台提供借鉴。同时，卖家要尽可能理解每种方法背后的逻辑，因为逻辑是方法的基石，当平台规则或市场环境发生变化时，只有掌握了核心逻辑，我们的选品方法才能够灵活调整和应对，实现选品效率最大化。

4.11.1　平台榜单选品法

平台榜单选品法是一种高效且直接的选品方法,主要适用于没有目标商品、选品方向不清晰的卖家。

通过分析 Temu 的各种榜单，一方面，卖家能够了解平台当下主推及市场热销的商品，明确选品方向；另一方面，卖家还可以深入研究在 Temu 上，平台主推的同类目商品之间的共性，如价格区间、功能特点、商品设计、客户评价和应用场景等，从而快速了解平台趋势和市场需求，降低选品或生产的风险。

此外，榜单商品由 Temu 根据销量、评分、评价等多维数据计算而成，能直接反映当前的市场趋势和客户需求，而第三方工具的数据往往具有滞后性。

我们主要用到的榜单有 Best Sellers（畅销榜）、5-Star Rated（五星好评榜），以及活动榜单。

1. Best Sellers（畅销榜）

这是 Temu 上对应时间段内，销量最高的商品排行榜单。Best Sellers 能快速帮助卖家发现当前市场中最受欢迎的商品特点，适合希望快速跟进热门品类的卖家，如图 4-4 所示。

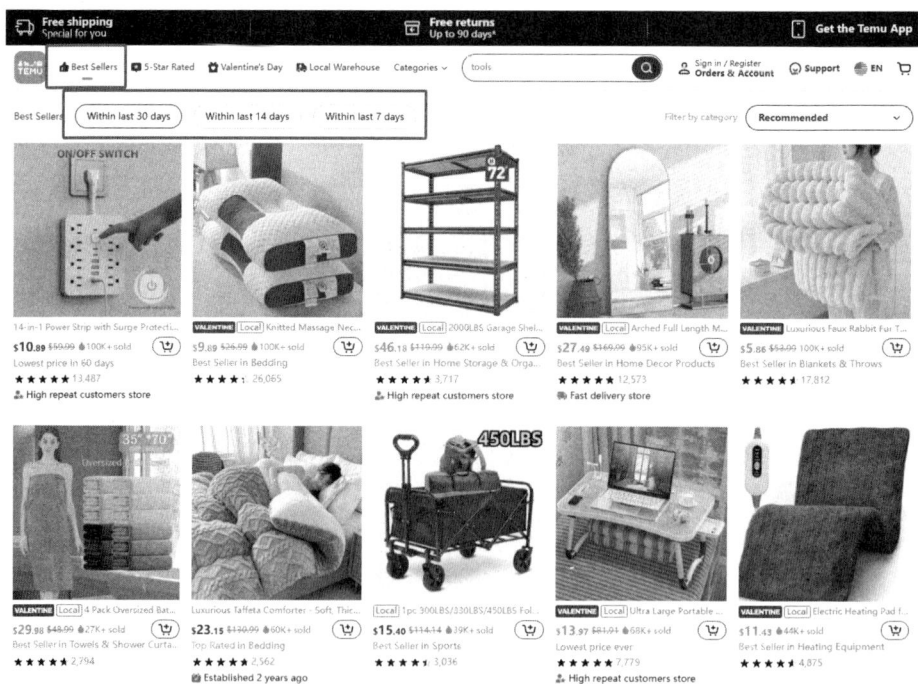

图 4-4

Best Sellers 的时间可以选择 Within last 30 days（过去 30 天内）、Within last 14 days（过去 14 天内）和 Within last 7 days（过去 7 天内）。对于没有明确选品方向的卖家而言，商品类目可以用默认推荐。如果想分析特定类目的商品，那么可以在页面右侧选择相应的类目，如图 4-5 所示。

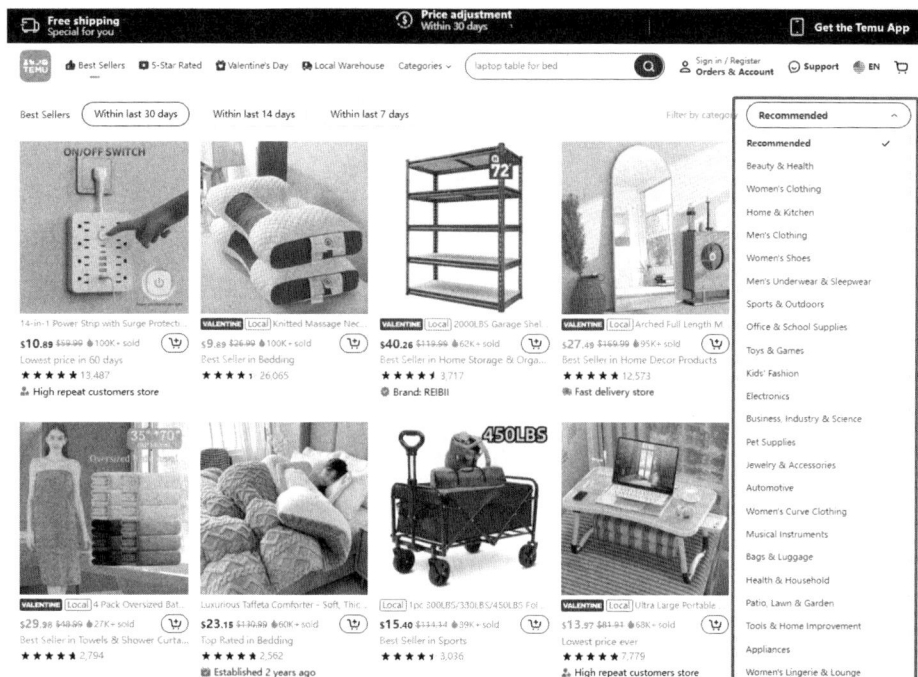

图 4-5

2．5-Star Rated（五星好评榜）

该榜单汇集了销量较高，且客户评分较好的商品。这类商品的品质分比较高且稳定，通常适合作为长线运营的潜力款，如图 4-6 所示。

3．活动榜单

活动榜单通常有多个不同的专区，卖家在 Temu 后台报名的各类营销活动，会在这里的不同专区中进行展示。图 4-7 所示为部分活动专区展示。

通过跟踪榜单商品，卖家能够迅速了解平台主推的热门商品，以及选出适合自己运营的商品。然而，大部分卖家在实践中，往往会选择直接跟卖榜单商品，对刚开始做跨境电商或 Temu 运营的卖家来说，这种做法在初期确实很容易得到很好的销量或者利润。

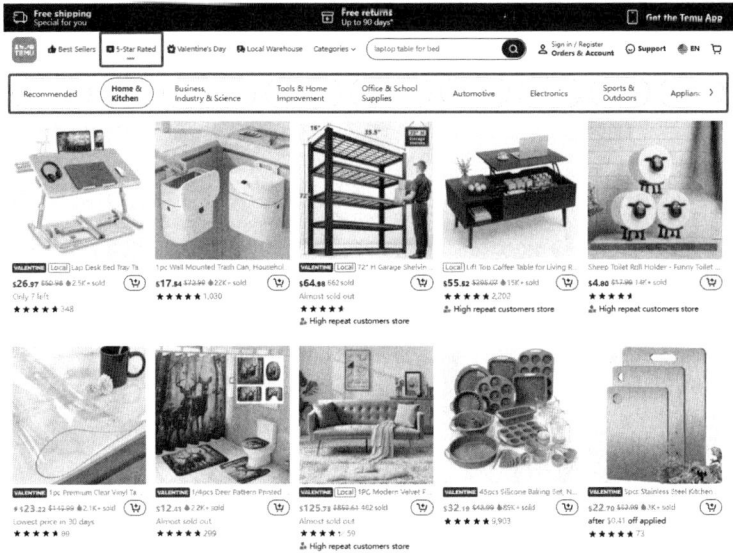

图 4-6

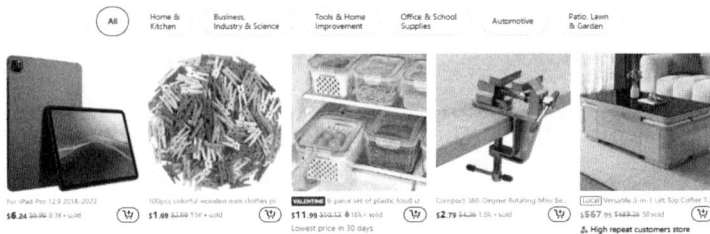

图 4-7

通过跟卖，卖家如果获得了热销商品的分流，就能够在短时间内快速获得销量。然而，跟卖策略存在着明显的局限性：榜单上的商品往往竞争激烈，核价困难，且在商品通过核价后，也会存在大量跟卖店铺，容易出现价格"内卷"的局面，自己的商品如果没有价格优势，生命周期通常较短。

如果想让自己商品的生命周期更长，避免陷入跟价、竞价的困境，卖家可以在榜单选品的基础上，通过分析榜单商品的共性，结合自身的资源，挖掘出差异化的商品。

例如，热销款商品是红色的，我们就可以找同款的其他颜色商品；某个价格区间的收纳袋很好卖，我们就可以找同价格区间的其他收纳袋。当然，要尽可能保证商品的核心卖点没有变化，核心卖点即客户愿意买这款商品的最主要原因，可基于这个卖点去做延伸。

对于拥有生产能力的工厂型卖家而言，榜单选品更是生产的方向，可以根据榜单商品的市场需求进行小幅改动或深度创新。小幅改动可以是对商品颜色、材质、功能细节的调整，而深度创新则需要结合市场趋势，对商品核心功能进行优化升级。例如，榜单中有一款深咖色的简约办公椅热销，工厂卖家就可以在保持办公椅外观相似的同时，增加人体工学设计或换为舒适度更高的材料，使其更具竞争力。

在运营的过程中，卖家需要意识到，榜单选品只是起点，真正的竞争优势来自持续的市场洞察和商品差异化。随着对 Temu 的流量分配规则和海外客户需求变化的逐步熟悉，卖家应当尽可能摆脱"跟卖"，完成由模仿到创新的转变。

4.11.2　关键词选品法

在实体店中，客户的购买行为往往会受到店面大小和商品陈列的影响，客户决定购买某款商品，更多的是依靠"眼缘"、商品的功能或者品牌的影响力。

当客户的需求非常明确时，客户的选择就会更依赖对关键词的搜索和平台的精准推荐。也就是说，客户会在平台的搜索框中输入他们的需求，而平台则会根据这些关键词，为其提供相关的商品。图 4-8 所示为搜索"Organizer"（收纳箱）后，Temu 展现出来的结果。

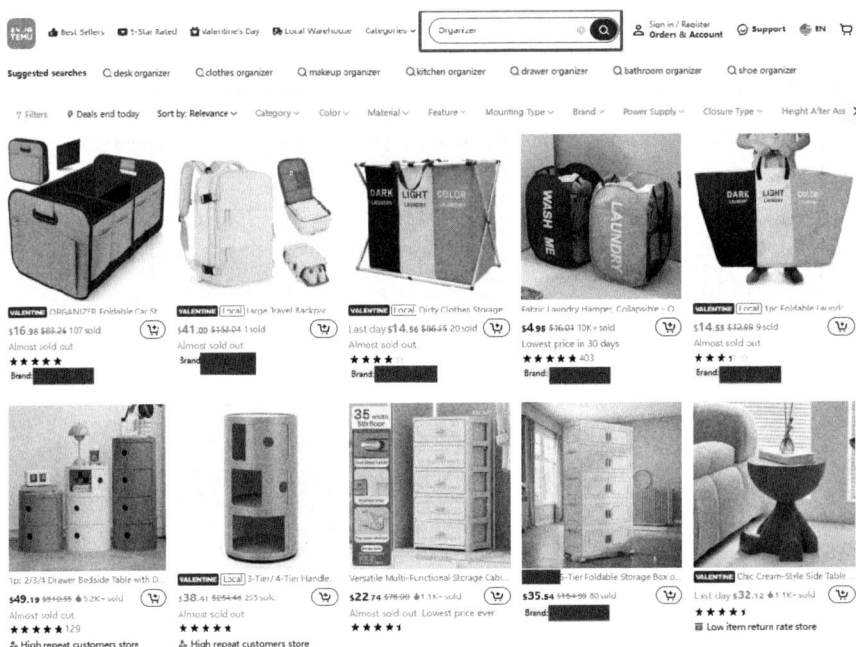

图 4-8

在货架电商的搜索逻辑下，客户主要通过输入关键词来找到自己感兴趣的商品，而不是在实际展示的货架上"偶遇"某个商品。

因此，作为跨境电商卖家，我们选品的本质其实并不是直接选商品，而是"选词"，即选择与客户需求和搜索行为高度相关的关键词，以词来选品。

关键词选品法就是分析哪些关键词能够带来符合预期的流量，并与客户需求高度匹配，从而找到那些有潜力的"核心关键词"。这些关键词不仅能帮我们找到合适的商品，还能提高商品在平台搜索结果中的排名，把商品呈现给更多的目标客户。

卖家需要通过各种渠道来挖掘潜力关键词。常见的方式如下。

1. 竞品关键词提取

卖家可以分析竞品的标题，提取出相应的商品核心关键词。如果卖家还没想好销售什么商品，那么可以利用 4.11.1 节介绍的平台榜单选品法，通过广泛浏览大量的商品来找到自己的意向商品，并提取核心关键词。

如图 4-9 所示，我们可以通过这款商品的标题找到其核心关键词为"Large Capacity Makeup Organizer with Drawers"（带抽屉的大容量化妆品收纳箱）。

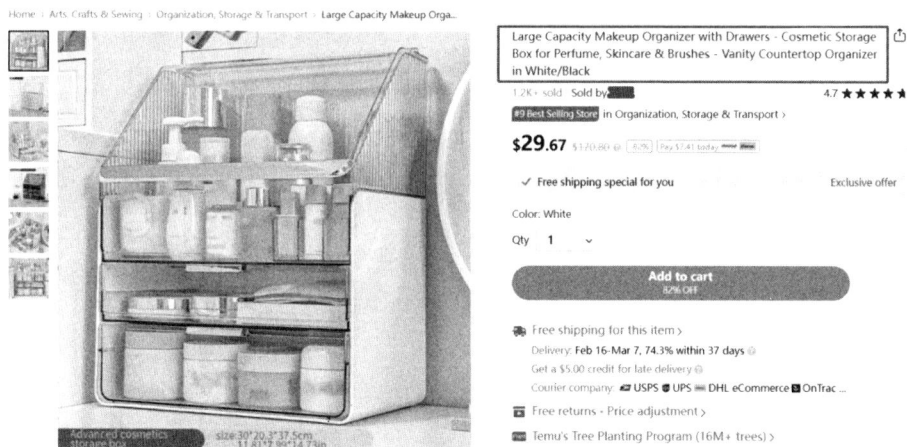

图 4-9

2. 平台搜索框

在 Temu 上浏览过一些商品（图 4-10），或者明确了自己的核心关键词（图 4-11）后，我们就可以在 Temu 上通过输入关键词，观察平台提供的自动填充建议。这些建议搜索词一方面和我们浏览过的商品有关，另一方面则反映了当前平台客户的真实搜索需求，是卖家挖掘潜力关键词的有效途径。

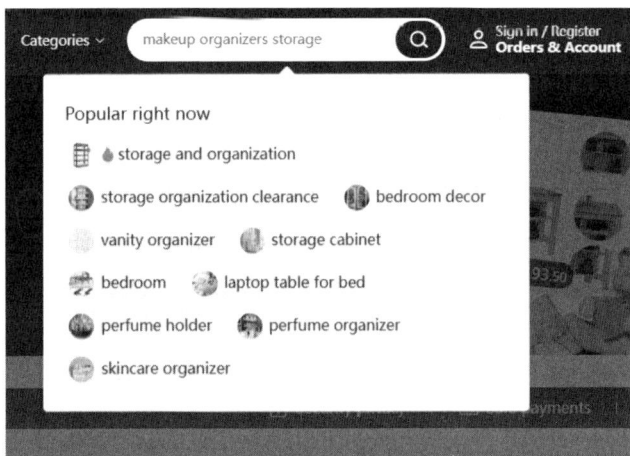

图 4-10

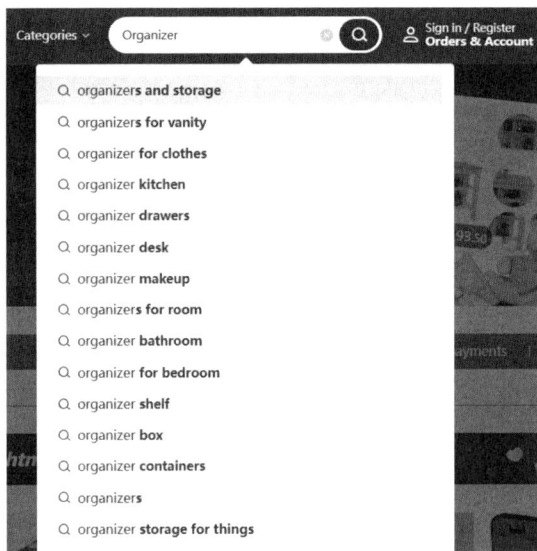

图 4-11

3．缺货搜索词

半托管模式卖家可以进入 Temu 卖家中心的"数据中心"—"市场分析"—"缺货热搜词"功能页面，参考缺货热搜词指数，结合关键词有针对性地进行选品，如图 4-12 所示。

图 4-12

缺货热搜词指数，反映了该搜索词的客户需求缺口大小。缺货搜索次数越多，客户需求缺口越大。但我们在运营的过程中，需要对这个词和平台的竞品做一定的判断分析，不能盲目地按照缺货搜索指数的高低进行选品。

4．商机探测器

对于半托管模式卖家而言，Temu 后台的"商机探测器"也可以作为辅助选品的工具之一。卖家可以通过该工具分析类目的市场趋势及关键词数据，为选品决策提供数据支持。

商机探测器可以展示细分领域的搜索量、价格等数据。比如，卖家看到"金属收纳盒"的搜索量增长速度快，且平均价格能带来较高的利润，就说明其可以作为选品的方向。

关于商机探测器的具体功能及使用方法，可以看 9.4 节。

5．第三方工具

卖家也可以借助一些第三方工具做关键词和选品分析，第三方工具除了常见的 Temu 插件，还有 Google Trends、Helium 10 等。

以 Google Trends 为例，这一工具是基于 Google 的搜索数据而得出的，因为全球大部分国家或地区的用户都在使用 Google，所以，其提供的数据比较可靠，可以帮助我们针对特定的国家或地区对商品的关键词进行分析，得出日趋势、月趋势，以及年趋势。

此外，我们还可以看到相关搜索词，利用这个功能我们不仅可以搜索商品本身的关键词，也可以查询相关的搜索词。如图 4-13 所示，搜索"shoe organizer"（鞋柜）后，出现了相关热门搜索词。

图 4-13

我们还可以借助 Google Trends 或其他第三方工具来判断季节性或周期性商品的销售高峰期，从而提前做好上架、备货及商品清仓。

图 4-14 所示为"shoe organizer"在美国的搜索热度变化，可以看到热度比较平稳，说明该商品受季节波动的影响较小，客户需求比较稳定。

图 4-15 所示为"swim diapers"（游泳尿布）在美国的搜索热度变化，可以看到热度波动较大，说明该商品受季节影响较大，客户需求从 2 月初开始增长，到 6 月底、7 月初达到高峰期，此后便开始逐渐下降。

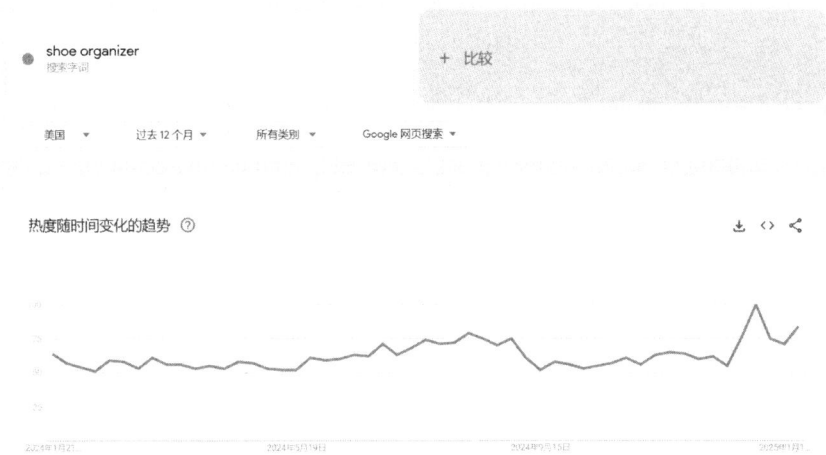

图 4-14

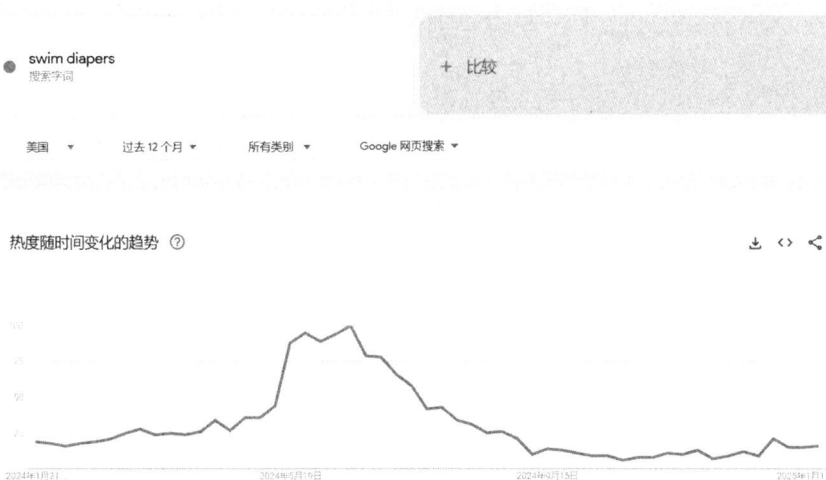

图 4-15

不过,如果以一年的时间周期来判断一个商品是不是周期性或季节性商品,可能会显得有些草率,因为当年的搜索热度变化,也可能是某些"黑天鹅"事件所导致的。

所以，为了更加准确地把握商品的市场需求情况，我们往往会把时间维度拉得更长，比如 5 年。图 4-16 所示为 "swim diapers" 这个关键词 5 年的搜索热度变化，我们能够很明显地看出这是周期性或季节性商品。

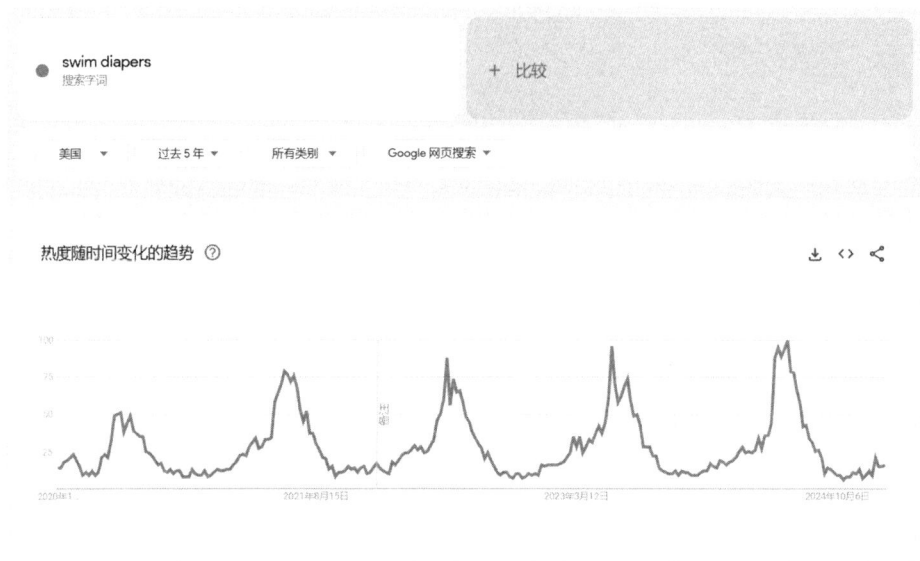

图 4-16

笔者在这里再举一个 "黑天鹅" 的例子。

2022 年年底，德国市场的取暖设备热销，很多卖家判断取暖设备是季节性商品，取暖设备本身也确实是季节性商品，但如果在接下来几年里，继续参考 2022 年的销量进行备货，很可能会导致滞销，原因就是取暖设备虽然是季节性商品，但 2022 年年底的销量比往年都高，这是因为俄乌冲突引发了 "欧洲能源危机"，天然气和能源价格大幅上涨，所以许多人选择用电油汀、暖风机、电加热器等来取暖。图 4-17 所示为从 2018 年到 2025 年，德国市场 "heater"（加热器）的谷歌搜索热度变化，能够看出此类商品确实是季节性商品，但 2022 年年底与往年相比，有明显的区别。

这就需要卖家更深入地分析商品需求的变化，了解其背后的一些因素，这样才能在选品和备货时做出更加准确的判断。

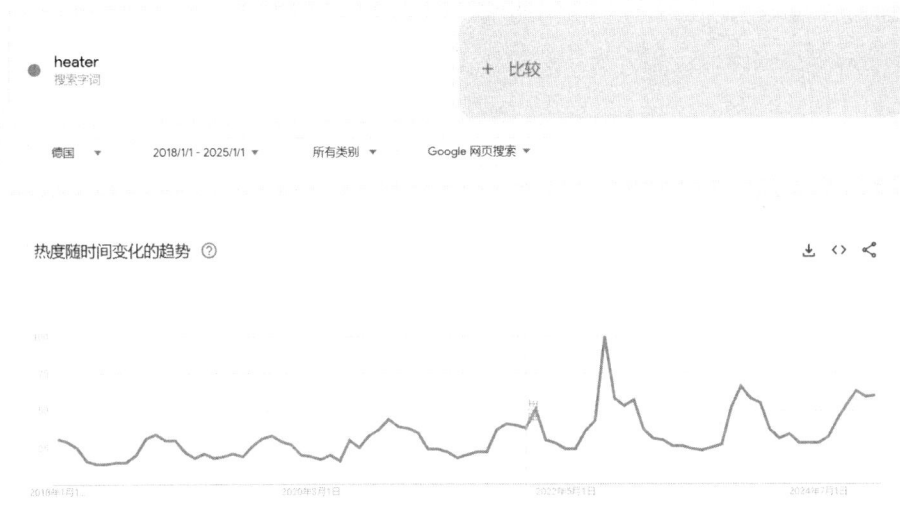

图 4-17

关键词选品法通过精准分析和挖掘潜力关键词，能够帮助卖家在跨境电商平台上找到与客户需求高度匹配的商品。

这一方法的核心是理解平台的搜索机制。要提醒卖家的是，关键词选品法可以帮助我们实现以词选品，但在选好商品后，需要利用不同渠道和方式，不断提取和优化商品的关键词，从而持续提高商品曝光度和搜索排名。

4.11.3　店铺参考借鉴法

店铺参考借鉴法，就是通过观察和记录在 Temu 上运营得不错的店铺，分析它们的选品策略、营销活动、商品展示等。

对于新卖家或在选品上缺少思路的卖家来说，竞争对手往往就是最好的老师，借鉴做得好的店铺的做法，一方面可以更快地找到符合平台需求的商品，另一方面可以分析其运营方式，从而少走弯路，节省试错成本。

我们其实不用拘泥于对方店铺是垂直店铺还是杂货铺，主要看其上新周期及商品销量，只要不是纯铺货型店铺，商品销量都还不错，那么就值得我们持续观察，分析店铺选品思路及运营方式。

需要注意的是，参考不等同于照抄，如果直接照搬别人店铺的商品，那么只会陷入同质化的"内卷"中，我们要模仿对方的选品思路，寻找功能、图案、受众群体等卖点相似的商品。图 4-18 所示为某亚克力商品店铺，通过其店铺主页，我们能够看到目前有 5 款在售商品，这类商品的主要卖点是图案，且图案大多是用 AI 工具生成的。有供应链的卖家，就可以对卖得好的商品图案进行分析，做小改动后用在自己的商品上，也会带来不错的销量。

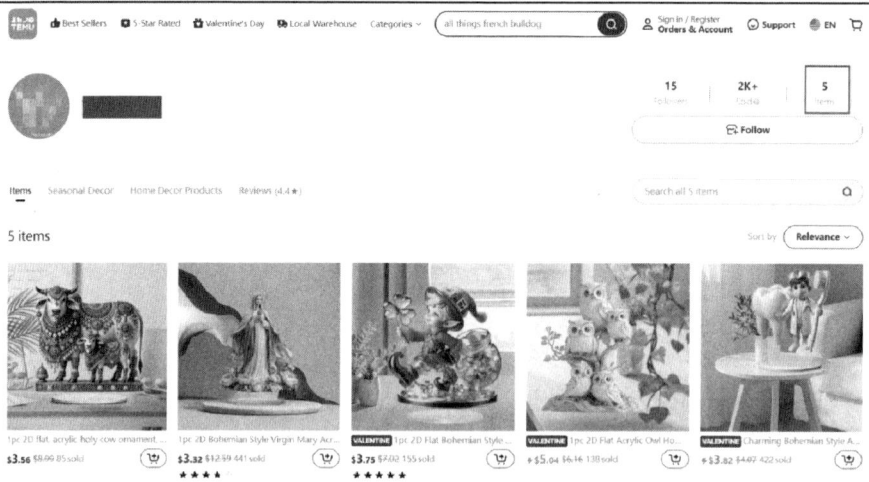

图 4-18

4.11.4　优势产业带选品法

卖家在选品时也不要忽略自己的资源优势。

优势产业带选品法是指卖家通过分析和利用自己附近的优势产业带资源，结合 Temu 的市场需求，选择具有竞争力的商品进行运营。

中国各地的产业带都拥有自己的特色和优势，许多产业带不仅具备完善的供应链体系，还在商品研发、生产效率、价格竞争力等方面具有明显优势。卖家可以通过与这些产业带的生产商合作，获得高性价比的商品，以确保商品质量可靠和供应链稳定。

以下是根据不同地区的产业带特点，结合跨境电商卖家的实际需求，选出的优势产业带的分布及选品方向。

1. 广东省

- **广州产业带**：化妆品、皮具、运动设备。

- **东莞产业带**：服装、毛织品、五金饰品。

- **佛山产业带**：小家电、家具。

- **中山产业带**：照明灯饰。

- **深圳产业带**：珠宝钻石、医疗器械、3C 电子产品。

- **惠州产业带**：吉他、照明用品。

- **汕头产业带**：益智玩具、内衣、家居服。

- **揭阳产业带**：服装、不锈钢餐厨具、家居家电、五金配件、塑胶鞋。

- **潮州产业带**：礼服、陶瓷。

2. 浙江省

- **杭州产业带**：家用纺织品、体育器材。

- **湖州产业带**：椅子、竹纤维毛巾、童装。

- **嘉兴产业带**：旅行箱包。

- **绍兴产业带**：袜子、珍珠、伞具、服装、窗帘。

- **宁波产业带**：消费电子产品、男装、义具。

- **台州产业带**：灯饰、眼镜、塑料日用品、汽摩配件。

- **温州产业带**：工艺美术品、珍珠、皮具皮鞋、纽扣。

- **金华产业带**：五金、餐厨用品、小饰品、宠物用品。

3. 福建省

- **福州产业带**：日用品、拖鞋、家居装饰、汽车配件。

- **厦门产业带**：野营户外用品、运动用品、自行车、电动自行车、自行车零部件。

- **泉州产业带**：运动鞋服、纺织面料、内衣、泳装、瑜伽服、陶瓷、家居园艺用品。

- **莆田产业带**：红木家具、运动鞋服、木制工艺品。

- **宁德产业带**：汽摩配件。

- **三明产业带**：竹木家居用品。

- **南平产业带**：竹制工艺品。

4. 山东省

- **青岛产业带**：服装、3C 周边产品。

- **潍坊产业带**：风筝、假发。

- **威海产业带**：渔具。

5. 江苏省

- **苏州产业带**：丝巾、旗袍等丝绸制品。

- 　南通产业带：家纺产品。

6. 河北省

- 　石家庄产业带：服装。

- 　保定产业带：箱包。

- 　唐山产业带：陶瓷餐具。

7. 河南省

- 　郑州产业带：服装。

8. 四川省

- 　自贡产业带：彩灯。

优势产业带选品法的核心是充分利用本地资源，结合平台的市场需求，找到具有竞争力的商品。通过深耕本土优势产业带，卖家可以找到性价比高、质量有保障的商品，并且避免了因商品断供导致的链接流量被抢，或采购价过高而导致的价格劣势。

4.11.5　活动与节日选品法

不同的国家或地区各自拥有着独特的活动与节日，这些活动与节日往往会伴随着特定的消费需求，围绕着这些需求进行选品，就能够在对应的时间段内获得更多的平台流量，在短时间内实现销量快速增长。

活动与节日选品法的关键是充分理解目标市场的活动与节日文化，以及人们的消费习惯。

对于全球性的节日，如情人节、万圣节、圣诞节等，客户对礼品、装饰品的需求，会在节日前一段时间快速增长。有供应链优势的卖家，可以利用节日热度，适时推出与节日相关的特定商品，如在情人节期间，推出特定的礼品、饰品等。

此外，不同的国家或地区之间有文化差异，人们的节日需求也会有所不同。以情人节为例，在国内情人节更多的是情侣之间的节日，而美国的情人节是向身边人表达爱的节日，亲朋好友会在这一天互送礼物。

在区域性的节日（如美国的独立日、日本的樱花季等），客户更喜欢与当地文化特色相关的商品，如美国独立日期间，美国国旗、红白蓝色主题的商品就会有不错的销量。图 4-19 所示为某款红白蓝色主题的穿戴甲。理解不同市场的节日文化，能够更好地捕捉客户的需求。

图 4-19

卖家也可以在标题中加入与节日或礼品相关的关键词，以获得平台更多的节日流量和搜索流量。

除此以外，每年海外电商平台的"黑色星期五""网络星期一"等大促活动，类似国内的"618"和"双 11"，会带动全网的促销潮流，活动期间会有巨大的流量和曝光量，是卖家获得销量的黄金时机。

尽管节日选品法对销量的增长效果显著，但对于新卖家来说，这一方法可能会带来一定的挑战，特别是对于那些刚进入跨境电商行业的卖家来说，节日选品和备货可能存在一些风险。

对于全托管模式卖家来说，Temu 的备货逻辑和系统返单是基于近期销量自动生成的。越靠近节日，节日相关的商品就会卖得越好，系统返单的备货量就会越大，然而，如果卖家完全依赖系统推荐的备货量来进行节日备货，那么在节日过后，节日款商品的需求可能会急剧下降，导致这些商品影响卖家的资金周转，甚至滞销并被退回。

对于半托管模式卖家来说，虽然备货和物流的自主性更强，但也需要提前做好测款，配合维护好商品的链接权重。

在这种情况下，卖家可以借助一些第三方分析工具，结合商品历年的销售数据，预测销量并合理调整库存备货量，降低节日过后的商品滞销风险，尽可能实现利润最大化。

4.11.6　线下选品法

很多卖家往往将精力聚焦于线上数据和平台分析，笔者在这里想提醒各位卖家，做跨境电商，一定要多走出去，多与其他卖家、供应商交流。

一方面，这可以为卖家提供线上选品难以获取的直观体验和市场洞察；另一方面，这也可能会帮助卖家捕捉到一些潜在的机遇。

线下选品的主要途径，包括参加行业展会、走访批发市场、调研海外线下店铺。

1．参加行业展会

全国各地每年都会举办各类行业展会，如广交会、深圳礼品展、义乌小商品博览会等国内展会，以及 CES（国际消费电子展）、ASD（美国纽约礼品展）、IFA（柏林国际消费电子展）等国际展会。

现在的线下展会虽然经济效益比以前下降了很多，但仍然是大部分卖家了解行业最新商品趋势、寻找供应链资源的最好途径之一。卖家可以观察哪些商品吸引了较多的客户，是否有一些新设计、新材料或者新技术，从而获取选品灵感。

此外，展会还可以帮助贸易型卖家拓展新的供应链，获取最新的商品信息。

2．走访批发市场

国内的义乌小商品城、广州白马服装市场、深圳华强北电子市场等，都是适合选品的地方。这些市场有大量的工厂货源商品，尤其是低价、高性价比的商品。

通过实地考察，卖家可以直观了解商品质量、成本及市场竞争情况，同时还能发现一些线上市场尚未流行或者线下专供的潜力商品。

此外，许多批发市场的卖家也愿意为跨境电商卖家提供小批量采购或定制服务，有助于卖家在降低风险的前提下完成商品测款。

3．调研海外线下店铺

有条件的卖家可以通过去目标市场的线下店铺，直接了解客户需求。例如在北美市场，可以前往当地的沃尔玛、Target、Home Depot 等零售店，观察哪些商品畅销、哪些商品正在打折清仓，再结合 Temu 的竞品分析，从而推测哪种类型的商品有市场机会。

线下选品法与优势产业带选品法有相似之处，只是前者更多是从市场端出发，通过展会、批发市场和海外线下店等渠道来了解市场趋势和客户需求，而后者则从供应端出发，通过挖掘货源、提高物流时效来建立商品优势。

线下选品法的核心优势是能够通过真实的市场反馈和直接的商品体验，更精准地判断哪些商品在目标市场更具潜力，同时降低因数据滞后或市场信息不对称导致的选品失败风险。

因此，跨境卖家在进行选品时，除了做线上数据分析，也应多走出去，这不仅对选品有帮助，对打开思路、了解行业趋势也大有裨益。

4.11.7　社交媒体选品法

随着全球客户获取信息和购物习惯的改变，越来越多的热门商品诞生于社交平台，并通过用户分享、网红带货、病毒式传播等方式迅速走红。例如，从"Shark Hair Clips"（鲨鱼夹）到"Magnetic Tiles"（磁力片），许多商品都是先在 TikTok 上引发关注，随后才迅速成为各大电商平台的热销商品。

以美国市场为例，其主要社交媒体包括以下几种，为了方便理解，笔者将其与国内相似应用做了简单的对比。

1．Facebook

Facebook 类似于国内的 QQ 空间，以熟人社交为主，用户主要在家人、朋友和兴趣小组之间进行互动。大量的兴趣小组聚集了具有相同爱好和购物习惯的用户，在其中可以看到关于商品的真实讨论和推荐。卖家也可以加入一些热门购物小组，观察哪些商品的讨论度较高、用户对哪些功能或设计存在强烈需求，并重点关注短时间内点赞量、分享量飙升的商品帖文，这些都可以作为选品依据，如图 4-20 所示。

此外，Facebook 的 Marketplace（类似于国内的闲鱼）也能反映用户的即时需求，浏览畅销商品也可以帮助卖家发现潜在爆款，如图 4-21 所示。

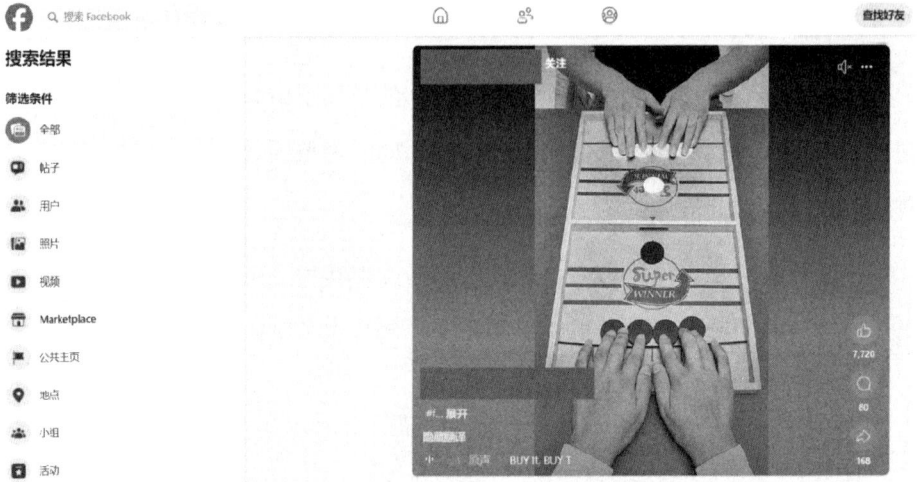

图 4-20

图 4-21

2. X（前身为Twitter）

X 类似于国内的微博，是快速传播信息的社交平台，内容更新频繁且可互动性强，许多潮流、科技、时尚类的趋势都会先在 X 上出现。

卖家可以关注热点话题、热门标签了解用户近期热议的商品，如图 4-22 所示。同时，通过 X 的趋势榜单，卖家可以快速捕捉市场动态。当某款商品突然在 X 上被大量讨论时，卖家就可以结合自身情况判断是否进行跟进选品。

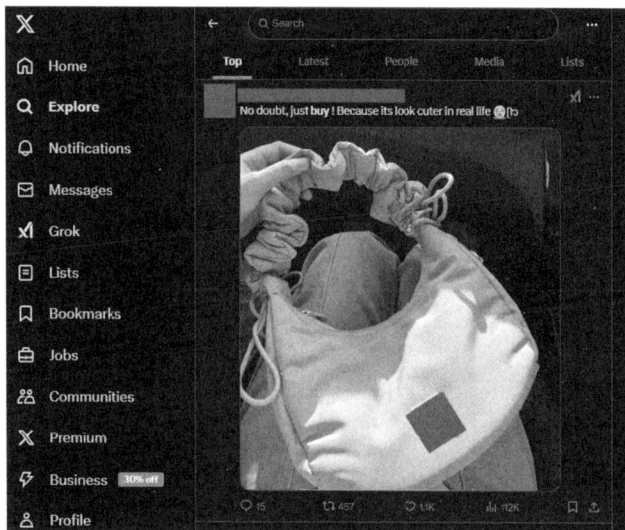

图 4-22

3．Instagram

Instagram 类似于国内的小红书，以视觉内容为主，用户可以通过图片和短视频分享生活方式、时尚、美妆、家居等内容。

卖家可以通过 Instagram 的"Explore"（发现）板块查看热门商品，关注时尚博主和美妆达人发布的穿搭、美容、生活用品推荐，发现即将流行的商品。图 4-23 所示为某个点赞量为 20 万次的手工艺品。

此外，Instagram 的"Shopping"（商店）板块也能帮助卖家了解哪些商品在平台上受欢迎，用户的评价和收藏数据可以进一步印证市场需求。

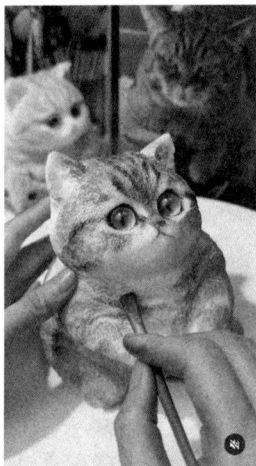

图 4-23

4．Pinterest

Pinterest 同样类似于国内的小红书，以图片收藏和分享为主，涵盖家居、手工艺品、穿搭等多个品类。

在 Pinterest 上，具有设计感、视觉效果突出的商品更容易受到关注，卖家也可以分析用户收藏最多的图片或视频，判断哪些商品更受欢迎以及在未来有可能流行。图 4-24 所示为某个家居工具的推荐视频。

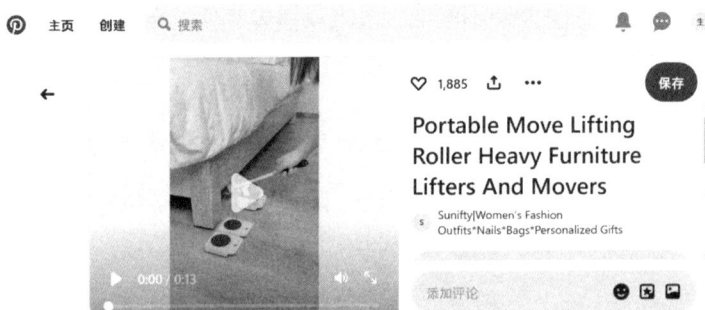

图 4-24

此外，卖家可以在 Pinterest 的"Trends"（趋势）板块查看当前的热搜和流行趋势，给选品提供一些灵感思路，如图 4-25 所示。

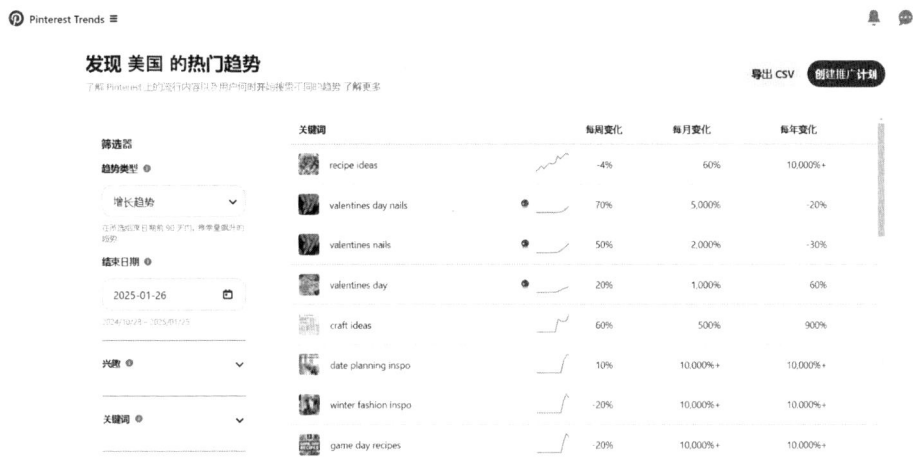

图 4-25

5．TikTok

TikTok 相当于国际版抖音，以短视频为主，凭借强大的推荐算法，任何商品都有可能因为某个视频走红而迅速爆火。

卖家可以通过关注一些博主、热门标签及浏览量飙升的视频，提前锁定有潜力成为爆款的商品。有时竞品也会通过创意性的短视频、挑战活动或与网红合作来进行商品推广，有供应链优势的卖家或品牌卖家也可以对竞品做好关注。

6．YouTube

YouTube 是全球最大的视频平台，以长视频内容为主，用户可以观看详细的商品测评、开箱、对比等内容。

卖家可以搜索"Must Haves"（必备）、"Gifts"（礼物）、"Best Products Under $50"（50 美元以下最佳商品）等关键词，查看测评达人推荐的高性价比商品，同时关注网红的新品开箱视频，观察他们推荐的商品类型，如图 4-26 所示。

图 4-26

要想通过社交媒体进行选品，卖家需要定期关注热门标签、热搜话题和 KOL（关键意见领袖）的推荐，同时关注客户评价，了解商品的真实接受程度和潜在改进方向。

当某款商品在多个社交平台上同时引发热议，并伴随着点赞、收藏、分享数据快速增长时，意味着它极有可能成为下一个潜力爆款。如果卖家能够精准捕捉市场趋势，提前锁定有潜力的商品，就有可能抢占先机，实现销量快速增长。

4.11.8 众筹平台选品法

在国外，众筹平台是许多创新商品的发源地，有许多在设计、功能或技术上有独特创新的商品。

Temu 卖家可能无法通过这些众筹平台找到能够直接售卖的商品，但对于有设计能力和生产能力的卖家而言，这些平台能够帮助其发现具备潜力但尚未普及的商品，为选品提供灵感。

国外主流的众筹平台包括 Kickstarter、Indiegogo、GoFundMe 等，其中 Kickstarter 和 Indiegogo 是两大极具影响力的科技和消费品类众筹平台。

Kickstarter 更偏向于创新型硬件、创意周边、设计师商品等，许多智能家居设备、便携电子产品、个性化文创用品等都是通过这里最终进入主流市场的。

Indiegogo 则更加多元化，涵盖科技、健康、美容、户外等多个品类。

在众筹平台上，Temu 卖家可以关注以下几个方面来获取选品灵感。

首先是"热门项目"和"即将结束的成功项目"板块。这些众筹项目通常已经获得大量支持，说明商品的市场接受度较高，具有较强的客户需求。

其次，可以分析项目支持者的反馈。贸易型卖家可以观察客户对商品的关注点、期待值，分析可能的改进空间，以此来寻找类似商品，生产型卖家则可以判断是否适合进行类似商品的开发和测款。

此外，对于某些未能达到众筹目标的项目，卖家也可以借鉴一下其创新点，对商品卖点进行提炼，并通过第三方工具进行需求分析，如果确实有市场需求，那么寻找有该卖点的商品。

4.12 商品组合

如果一款商品在市场上拥有不错的销量，就意味着商品本身已经得到了海外客户的认可。商品组合对 Temu 卖家而言，既能以最低成本对爆款商品实现"二次开发"，也是提升销量、增加客单价的方式之一。

商品组合也是许多新卖家经常使用的方式，然而，错误的商品组合，可能耗时耗力，最终的销量还不尽如人意。

笔者结合 Temu 的特性，总结了大部分卖家常见的商品组合误区，并给出了正确的商品组合思路。

4.12.1　商品组合的常见误区与陷阱

1. 无意义的赠品组合：为了送而组合

在设置商品组合时，有些卖家倾向于随意搭配赠品，例如买剪刀送胶带、买牙刷送牙膏，如图 4-27 所示。这种方式看似增加了商品价值，但实际上并不能有效提升转化率，原因就在于没有充分考虑客户购买该商品后的实际使用场景。

图 4-27

许多客户可能有自己长期使用的牙膏品牌和类型，即使这种商品组合比单一的商品价格更低，客户也可能不会为此而买单。

不过，如果卖家主要销售的是招待客人用的一次性牙刷，那么搭配小牙膏的组合则充分考虑了特定的使用场景，是合理且可行的。

此外，搭配的赠品如果质量不佳，就可能影响主商品的评价，影响该商品的链接权重。

2. 不合理的套装组合：盲目对单品进行数量组合

部分卖家在进行商品组合时，没有充分考虑商品的特性及目标消费群体的购买习惯，为了核价和实现差异化竞争，盲目地将同款商品以套装的形式进行组合。

　　然而，并非所有商品都适合按套装销售。例如，看到平台上某款手链销量不错，便简单地推出同款手链套装，或其他同款商品套装，如图 4-28 所示。

　　实际上，这种组合装的商品，对于客户来说并无实际需求。客户购买手链等饰品，往往更注重款式的多样性和独特性，一次性购买多件同款商品的情况很少。

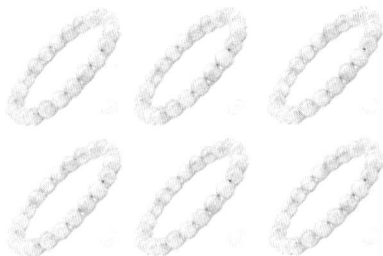

图 4-28

3．功能冗余的组合：不能提升使用价值

　　将功能相似但造型、外观略有差异的商品组合在一起，也是常见的商品组合误区。例如，不同尺寸的茶叶过滤工具组合，这样的组合并不能提升客户的使用价值，喝茶的客户并不需要这么多类似的商品，如图 4-29 所示。

　　真正有效的商品组合，应该在使用场景上是互补的，而非冗余的。

图 4-29

4．不符合消费习惯的组合：忽略客户需求

为了提高客单价或实现高核价，部分新卖家会将使用场景完全不同的商品强行组合。例如，将瑜伽垫和水杯进行捆绑销售，尽管这两样商品或许都涉及健身，但客户购买瑜伽垫时，很少需要水杯。

这种组合方式容易让客户产生"凑单"感，从而降低购买意愿。合理的商品组合应该基于客户真实使用场景，确保搭配的商品能够提升核心商品的实用性或价值。

4.12.2 商品组合的正确思路

1．关联商品组合：提升主商品的价值

成功的商品组合应当基于客户的使用场景，在组合后，能够增加主商品的价值。例如，电动牙刷搭配多个替换刷头，如图 4-30 所示。客户是为电动牙刷而买单的，但在使用过程中，刷头属于易耗品，需要定期更换，而这样的组合方式，既满足了客户对电动牙刷的购买需求，又为他们提供了后续使用所需的配件，增加了商品的附加值，提高了客户的购买意愿。

图 4-30

此外，对于品牌卖家而言，这类组合还能有效增强商品的竞争力，提高客户配件复购率。

2．同款不同尺寸商品组合：满足多样需求

对于某些商品，客户在不同的场景下，可能会有不同的尺寸或规格需求。以厨房的漏勺为例，在实际烹饪过程中，处理不同的食材往往需要不同大小的漏勺，如图 4-31 所示。将大小不同的过滤漏勺合理地组合，既能够满足客户对商品实用性的需求，也能够提供购买的便捷性。

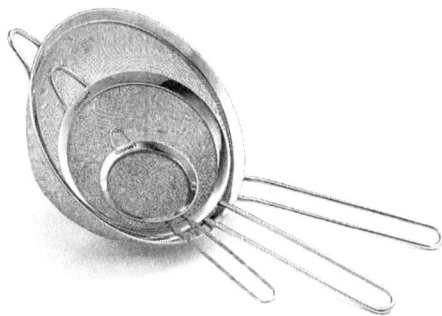

图 4-31

3．不同款套装组合：提供多样化选择

如果爆款商品风格比较统一，那么卖家可以将多个不同款式的爆款商品组合成一个套装。例如，将颜色或设计不同的多种发箍、耳钉、手链等组合成一套，如图 4-32 所示。

这样的组合方式，尤其适用于饰品、手办等审美性商品，单品的销量数据已经验证了市场需求，具有性价比的组合更能够满足客户多样化的选择需求。例如，市场上此前就有星期装的首饰，以一周不重复的款式套装作为卖点，且取得了不错的市场反馈。

图 4-32

4. 主体＋配件组合：提升商品使用体验

这种组合方式是将商品的主体与相关的配件进行搭配销售。以剪刀为例，如图 4-33 所示，通过配备剪刀套，一方面能延长剪刀的使用寿命，另一方面能避免在存放过程中对人或物品造成伤害。

这类组合既能够用最低的成本实现差异化，还能够很好地满足部分特定客户的场景使用需求，增加商品的附加值。

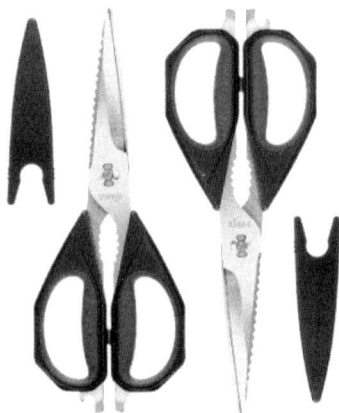

图 4-33

　　合理的商品组合策略能够帮助卖家提高商品的销量和转化率，同时避免无效捆绑销售带来的负面影响。卖家在制定商品组合方案时，应充分考虑目标客户的需求和使用场景，以确保组合的实用性和吸引力。

第 5 章

5

备货逻辑与库存管理

5.1 全托管模式卖家发货流程

Temu 的全托管模式主要有两种发货形式可供选择，分别是 JIT 模式和 VMI 模式。

JIT 模式，即预售模式，是先出单，后发货的模式。在 JIT 模式下，卖家需要在出单两天内，将商品送入 Temu 仓库。

VMI 模式，即备货模式，是先发货到 Temu 国内仓，再进行上架销售的模式，这也是大部分卖家采用的销售模式。

JIT 模式和 VMI 模式的区别主要是时效不同，而在备货形式上基本大同小异。具体的入库步骤如下。

在 Temu 卖家中心，点击"商品管理"中的"上新生命周期管理"选项，如图 5-1 所示。

卖家可在上新生命周期管理页面看到所有自己上传过的商品。找到"待创建首单"选项，就能看到所有核价通过，但未进行首单备货的商品。

图 5-1

如图 5-2 所示，点击商品后方"操作"列的"发起备货"选项，即可对平台审核通过的商品填写首单备货数量，进入备货环节。

图 5-2

接下来，卖家在 Temu 卖家中心的"备货单管理"中点击"我的备货单"选项，即可查看到刚才申请备货的商品及相应备货数量，如图 5-3 所示。

需要注意的是，在商品创建备货单前，贸易型卖家最好提前完成商品采购和质检，并完成商品的标签制作，确保符合平台标准。

这里需要注意，只有标注了"今日可发货"标签的商品，才可以在当日发出，如图 5-4 所示。如果商品没有该标签，那么卖家无法将其加入发货台。

图 5-3

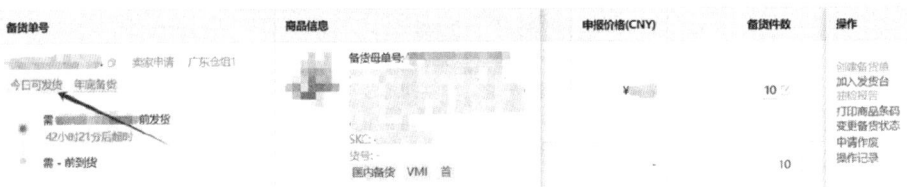

图 5-4

卖家可以逐个将商品进行"加入发货台"操作，或选择多个商品批量加入发货台。

在商品被加入发货台后，卖家需要在 60 分钟内创建发货单，否则会被自动移出。

在 Temu 卖家中心的"备货单管理"中点击"发货台"选项，即可创建发货单，如图 5-5 所示。同时，在这个环节，卖家还可以调整实际发出的商品数量。

图 5-5

接下来，卖家要根据商品的体积、重量，选择合适的物流公司，等待工作人员上门揽件，发往平台指定的国内仓库（如广州、义乌等仓库）。这里建议选择平台推荐的物流公司，这样运费相对更低。

等待商品完成质检成功入仓后，在后续客户下单的物流环节，Temu 会全权处理，卖家不需要再做任何操作。

5.2　半托管模式卖家发货流程

半托管模式卖家在新建商品时，整体流程和全托管模式卖家的商品创建流程基本一致，具体可参照 3.6 节。

区别就在于，半托管模式卖家新建商品时，在类目选择前，还需要选择"经营站点"和"卖家自发货仓"，如图 5-6 所示。所以，半托管模式卖家在新建商品前，最好先创建发货仓库、设置运费模板及可配送区域。

图 5-6

如果卖家想把已经完成创建的商品快速复制到其他站点，那么可以在 Temu 卖家中心的"商品管理"中找到"商品列表"选项。

在商品列表页面，可以查看商品的经营站点，通过筛选功能中的"站点"可以将商品复制到其他站点，如图 5-7 所示。

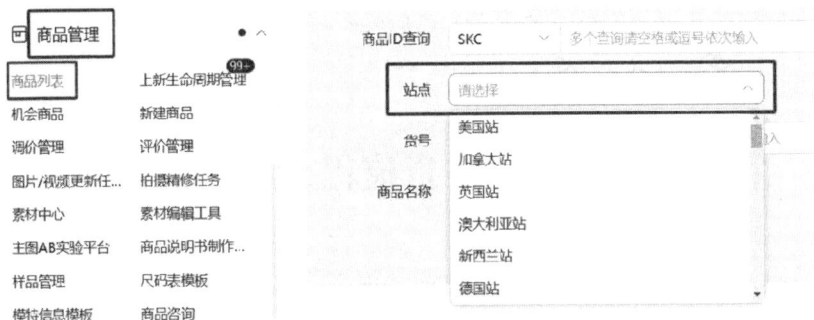

图 5-7

5.2.1　创建与管理发货仓库

在 Temu 卖家中心的"配送管理"中点击"仓库地址管理"选项，卖家即可查看发货仓库列表信息，如图 5-8 所示。

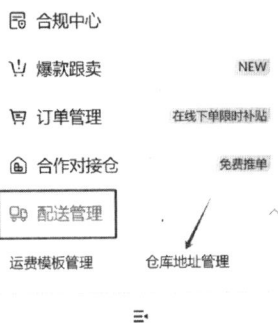

图 5-8

在仓库地址管理页面，点击"创建发货仓库"选项，依次编辑以下信息。

（1）国家/地区。根据仓库所在地，选择相应的国家或地区。

（2）仓库类型。选择仓库是第三方仓、自建仓还是家庭仓。

（2）仓库名称。由卖家创建，支持中英文双语编辑。

（3）联系人。发货仓库的联系人，支持中英文双语编辑。

（4）联系方式。填写联系人的相关信息。

（5）仓库地址。填写仓库的地址。

（6）地址邮编。填写仓库对应地址的邮编。

（7）设置默认发货仓库。如果是常用仓库，那么卖家可以将其设置为默认发货仓库。

在编辑完以上信息并提交后，发货仓库列表就会创建一条对应的发货仓库信息。

如果以后该仓库废弃，卖家想要将其删除，那么需要先将仓库的配送模板解绑，然后在仓库地址管理页面进行删除。

5.2.2 设置运费及可配送区域

在 Temu 卖家中心，找到"配送管理"模块，点击"运费模板管理"选项，即可创建不同的运费模板，如图 5-9 所示。

图 5-9

通过点击 Temu 卖家中心顶部的"Seller Central"按钮，找到"配送管理"模块，点击"运费模板管理"选项，也可以进入运费模板管理页面，如图 5-10所示。

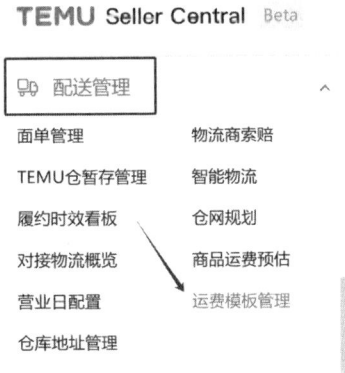

图 5-10

在运费模板管理页面，卖家创建运费模板，可以自定义模板名称，并选择该模板对应的发货仓库及收费方式。

运费的收费方式分为"按商品重量收费"和"按商品件数收费"。卖家可以根据自己的商品类型、运营策略，选择对应的收费方式，如图 5-11 所示。

图 5-11

接下来，卖家可自行填写配送区域，并选择可配送地址类型、运输时效，如图 5-12 所示。

可配送地址类型中的 **PO BOX** 地址，即 Post Office Box（邮政信箱）的地址。在国外，许多工作流动性较强或者居住地不固定的人，往往会通过邮局租用邮政信箱。

这里要注意，像 FedEx、DHL、UPS 等需要最终收件人签收的物流公司，往往无法投递到 PO BOX 地址。所以，卖家要根据自己所用的物流公司，判断是否勾选"PO BOX 地址"复选框。

如果卖家同时在做亚马逊运营，且想通过亚马逊 FBA 库存进行发货，"PO BOX 地址"复选框也是不能勾选的。

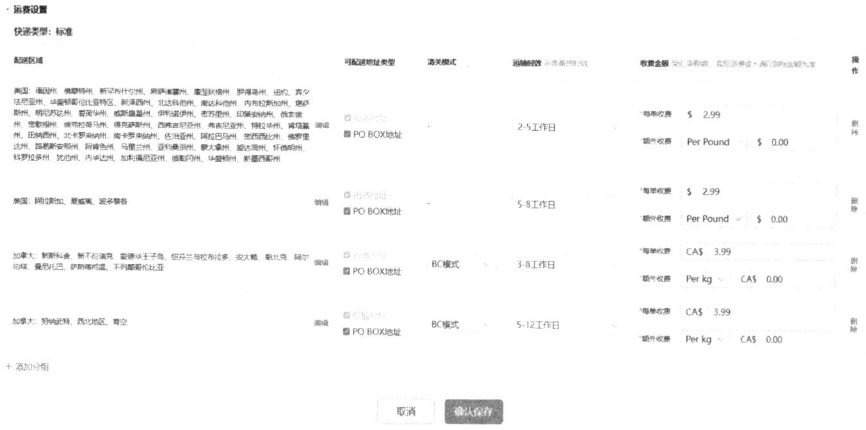

图 5-12

此外，如果是美国站点，美国本土各州或地区必须支持配送，否则运费模板将无法成功提交。

对于阿拉斯加、夏威夷、波多黎各等偏远地区，卖家也需要确认自己的商品能否配送，并明确相应的运费，避免因此而导致客户差评和运费损失。

5.2.3　订单的状态与操作

在 Temu 卖家中心，找到"订单管理"模块，即可查看所有的订单状态，如图 5-13 所示。

通过点击 Temu 卖家中心顶部的"Seller Central"按钮，找到"订单管理"模块，点击"订单列表"选项，可以查看所有订单状态，如图 5-14 所示。

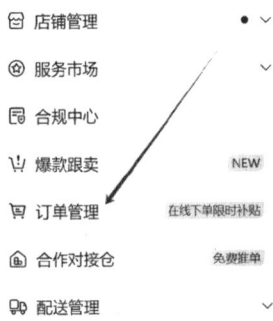

图 5-13

图 5-14

在订单列表页面，卖家可以查询所有订单、发货及查询物流轨迹等。平台会按订单的状态将其划分为平台处理中、待发货、已发货、已签收，以及已取消。

1. 平台处理中

这是客户待付款的订单，客户如果在 24 小时内完成付款，订单就会转变为"待发货"的状态，但如果超过 24 小时客户仍未完成付款，平台就会自动取消该订单，同时订单的状态变为"已取消"。

2. 待发货

对于待发货状态的订单，卖家需要重点关注发货倒计时。卖家需要在发货倒计时结束前完成发货，否则就可能触发平台对延迟发货的处罚。

卖家如果在节假日不营业，就需要在 Temu 卖家中心找到"配送管理"模块，点击"营业日配置"选项，如图 5-15 所示。在完成营业日配置后，平台就会把节假日的时间排除，订单发货倒计时只按营业日进行计算考核。

此外，"待发货"状态的订单如果出现以下两种情况，就会被自动取消。

（1）**客户申请取消订单**：待发货状态的订单，在状态变为"已发货"前，客户可以随时对该订单发起取消申请，卖家需要在 24 小时内在后台同意取消，或者将订单状态变更为已发货，否则平台将自动取消该订单。

（2）**卖家超时未发货**：从订单状态变为"待发货"开始计算，7 个工作日（7×24 小时）后，若订单状态依然没有变更为"已发货"，则平台也会自动取消该订单，同时对卖家做出处罚。

图 5-15

3．已发货

卖家在发货后，"待发货"状态的订单就会变更为"已发货"状态。对"已发货"状态的订单，卖家需要重点关注商品的运输情况，确保客户能够及时收到商品。

4．已签收

在客户签收商品包裹后，订单就会变更为"已签收"状态。

5．已取消

所有客户取消了的订单，都会在这里显示，卖家也可以通过"订单筛选"功能，分别查看"发货前取消"和"发货后取消"两种类型的订单。

5.2.4　卖家自发货与运单导入

自发货功能主要面向在销售国家或地区拥有稳定发货渠道的卖家。这些卖家能够自行处理订单的发货，并具备上传和跟踪物流单号的能力。例如，卖家在美国销售商品，并拥有可靠的尾程配送渠道，即可使用自发货功能。

卖家需在承诺的发货时间内，及时上传运单号并完成发货。如果卖家未遵守平台配送规则，或没能及时将商品送达客户，就会触发平台的处罚。

卖家自发货及运单导入步骤如下。

（1）**进入订单列表**：在 Temu 卖家中心找到"订单管理"模块，点击"订单列表"选项，可以查看所有"待发货"订单，如图 5-16 所示。

图 5-16

（2）**选择订单并导入运单**：勾选需要发货的订单，点击"自主导入运单"选项，可以打开订单发货页面，如图 5-17 所示。卖家也可以根据实际情况，勾选多个订单进行合并发货。

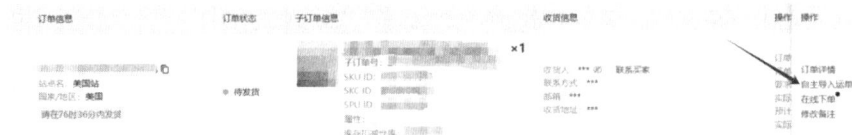

图 5-17

（3）**填写物流信息**：在如图 5-18 所示的订单发货页面，依次输入每个包裹的物流单号，并从下拉菜单中选择对应的物流公司。卖家要尽可能确保物流单号和物流公司信息准确无误，以避免因信息错误导致的虚假发货违规处罚。

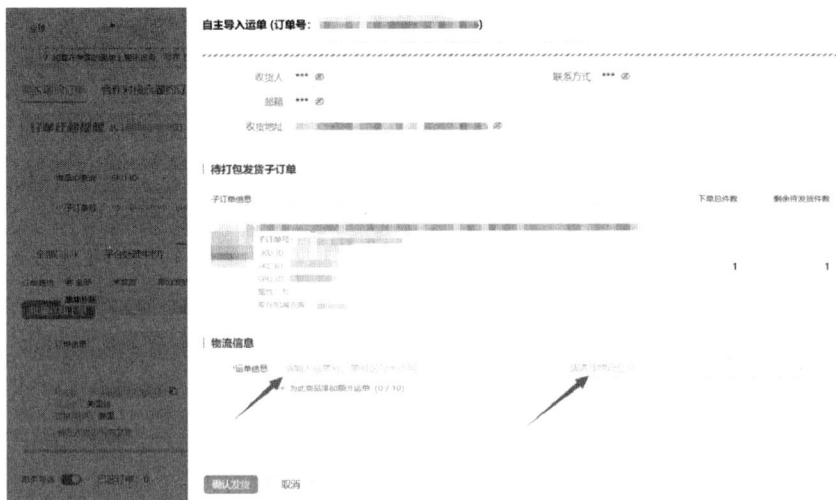

图 5-18

（4）**提交发货**：在核对所有信息无误后，点击"确认发货"按钮。此时，订单状态也将更新为"已发货"。

5.2.5　如何修改物流单号

如果卖家填错了物流单号，需要修改物流单号，那么要在上传物流单号后48 小时内进行修改，且仅可修改一次。

卖家需要在"已发货"订单列表中，找到对应的订单，点击"订单详情"选项，如图 5-19 所示。

进入订单详情页面后，卖家可以查看到订单的基础信息及已发货子订单，选择需要更换发货物流的包裹并点击"更换物流"选项，如图 5-20 所示。

在更换物流页面，点击"修改运单信息"选项，如图 5-21 所示，重新导入物流单号并修改相应的物流信息，即可完成修改。

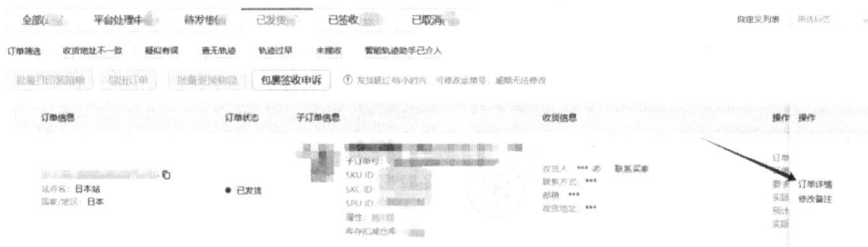

图 5-19

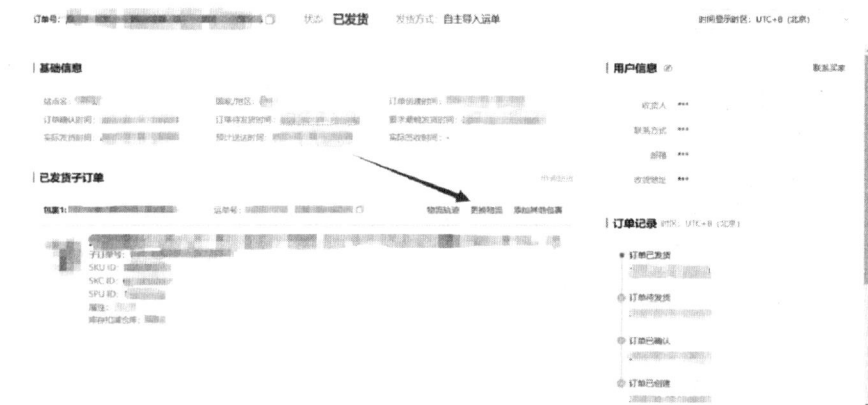

图 5-20

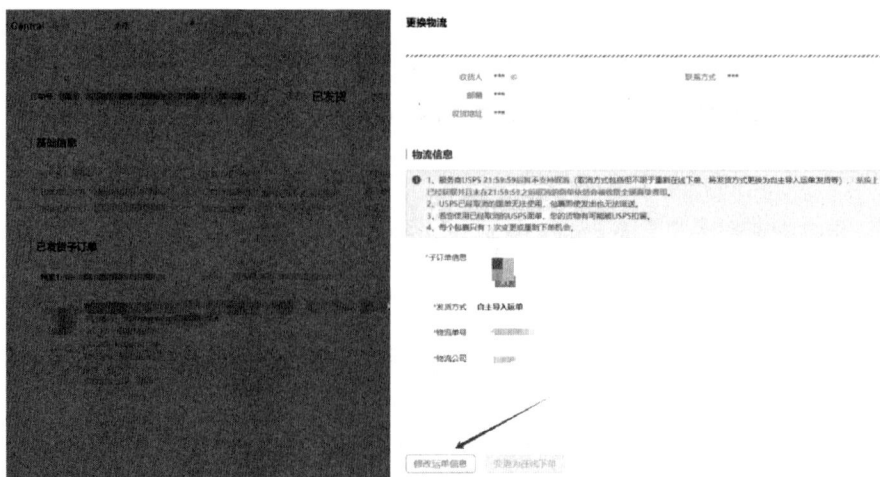

图 5-21

5.2.6　如何批量发货

对于需要批量处理的订单，Temu 提供了 Excel 批量上传功能。卖家可以在订单列表中勾选待发货订单，点击"导出订单"按钮下载订单商品信息。

随后，下载批量发货模板，在模板中填写对应的物流单号和物流公司信息。完成后，点击"Excel 批量发货"按钮，上传填写好的 Excel 文件，即可完成批量发货操作，如图 5-22 所示。

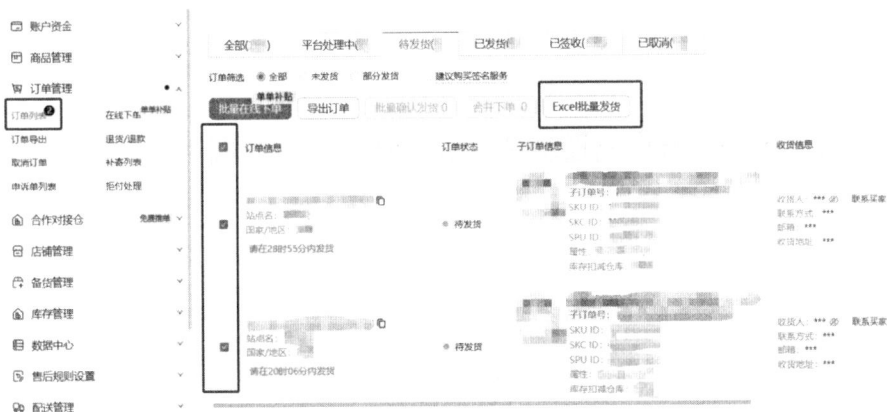

图 5-22

5.2.7　如何拆单发货或合并发货

当一个订单包含多个 SKU 或同一个 SKU 对应多件商品时，平台支持拆单发货。拆单发货的具体操作流程如下。

（1）**选择待发货订单**：在订单列表中，找到要进行拆单的"待发货"订单，点击"自主导入运单"按钮，进入自主导入运单页面，如图 5-23 所示。

（2）**选择拆单发货**：在自主导入运单页面的物流信息栏，选择"拆成多个运单发货"单选项，如图 5-24 所示。

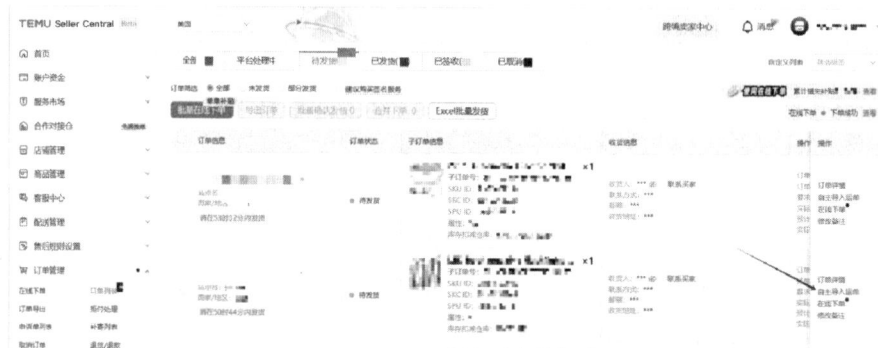

图 5-23

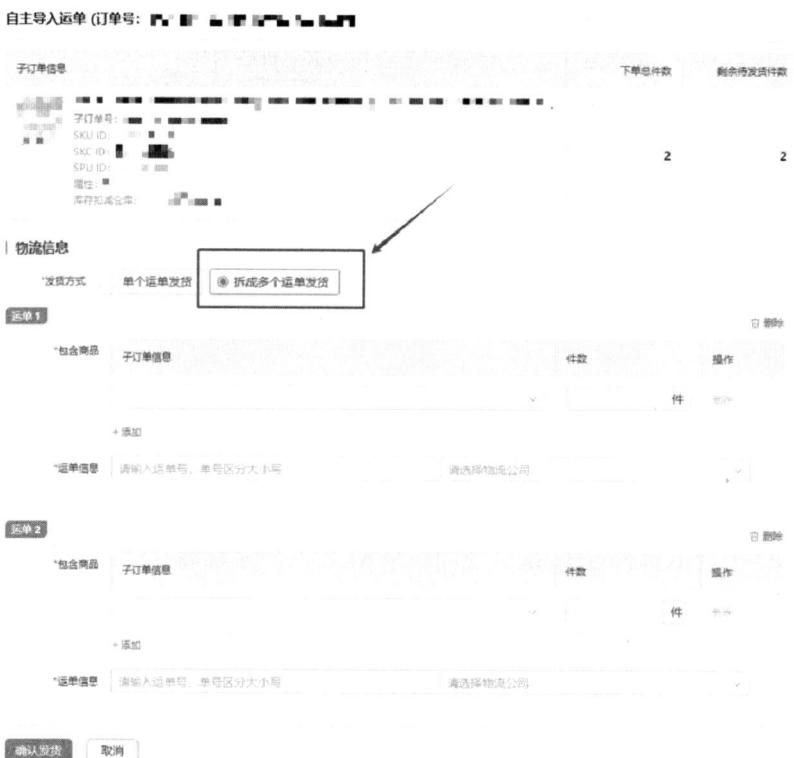

图 5-24

（3）**分配商品至包裹**：根据实际情况，选择需要拆分的包裹的 SKU 和数量。对每个包裹都需填写对应的运单号和物流公司信息。

（4）**确认并提交**：在核对所有信息并确认无误后，点击"确认发货"按钮，平台将更新订单状态为"已发货"。

卖家需要注意的是，拆分后的商品数量不得超过订单中的商品数量。

对于地址相同的多个订单，卖家可以选择"合并发货"功能。具体操作流程如下。

（1）**选择要合并的订单**：在"订单列表"中，勾选地址相同的订单，点击"合并下单"按钮，如图 5-25 所示，最多支持 20 个订单合并发货。

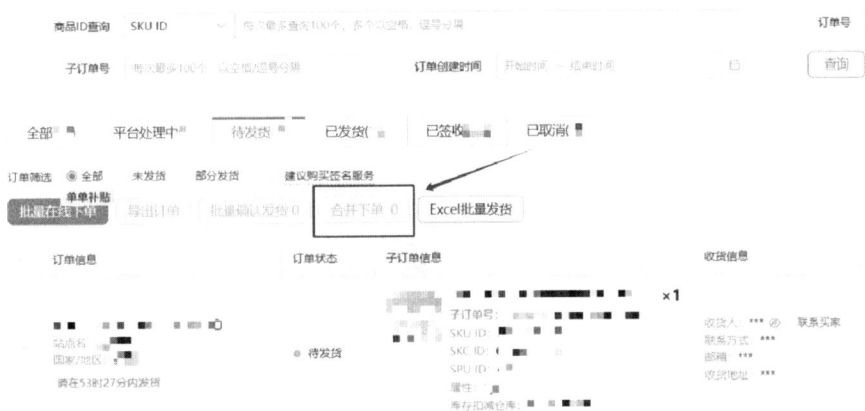

图 5-25

（2）**填写物流信息**：在填写统一的物流单号和物流公司信息后，即可完成合并发货。

5.2.8　后台在线下单并发货

在目标销售国家或地区没有固定发货渠道的卖家，可以使用平台的在线下单并发货功能来完成商品的尾程配送。

卖家在线下单并发货流程及注意事项如下。

（1）在 Temu 卖家中心，找到"订单管理"模块并点击"订单列表"选项，如图 5-26 所示。

图 5-26

（2）在订单列表中，找到"待发货"的订单，并在对应的订单后，点击"在线下单"选项，如图 5-27 所示。

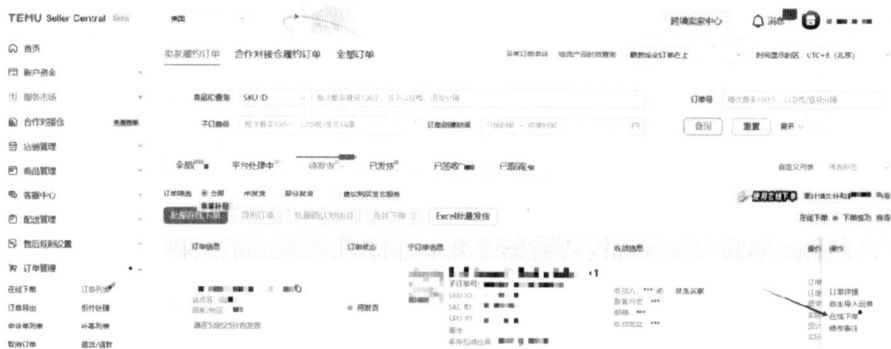

图 5-27

（3）系统会自动跳转到在线下单并发货页面，点击页面中的"调整包裹"按钮，会弹出"编辑包裹"页面，如图 5-28 所示。卖家可以根据线下打包的实际情况，对包裹包含的商品进行添加与删除，以及将订单拆分成多个包裹。

图 5-28

（4）分别填写商品或包裹的长、宽、高及重量信息，并选择实际的发货仓库，如图 5-29 所示。平台也会根据这部分信息进行物流推荐。卖家根据平台推荐的物流服务，参考预估运费和预计送达时间，选择最合适的物流服务。

（5）在确认所有信息无误后，点击"立即下单并发货"按钮。平台会在大约 10 秒后自动返回运单号，显示下单成功。在下单成功后，卖家无须再进行"上传运单号"的操作。如果在线下单并发货过程失败，那么卖家应返回"编辑包裹"页面，检查并调整包裹信息或重新选择平台推荐的物流服务，直至下单成功。

图 5-29

（6）在 Temu 卖家中心的"配送管理"模块，点击"面单管理"选项，进入"面单管理"页面，找到对应的订单，点击"批量打印物流单据"按钮，如图 5-30 所示。在打印出单据后，将其粘贴到对应的包裹上。卖家如果有授权的 ERP 系统，那么可以通过 ERP 系统完成物流单据的打印。

图 5-30

（7）在"面单管理"页面，找到对应订单，点击"预约取件"按钮，系统将自动跳转到物流服务商的官方预约取件页面，卖家可以通过物流服务商的官方页面，预约工作人员上门取件。卖家也可以通过查询网点，自行将包裹送至物流服务商网点，如图 5-31 所示。

图 5-31

5.3 全托管模式商品备货与包装

5.3.1 商品高效自主质检 SOP

在运营 Temu 账号的过程中，全托管模式卖家一定要把握好商品的质量，这会直接影响商品链接的稳定性和最终净利润。

为了确保商品质量符合平台的标准规范，高效完成商品质检，笔者公司对直接采购的商品制定了一套自主质检 SOP（标准操作流程），具体如下。

一量：核对商品的实际尺寸、商品的尺寸图、商品尺寸登记信息，确保三者无差异。

二看：检查商品外观，确保与商品图片一致。重点关注花色、纹路等细节。确保无明显划痕、污渍或其他瑕疵。此外，检查外包装与图片是否一致，是否有破损或违规敏感信息。对于纺织品，需特别注意走线和工艺，确保无松线、脱线、线头过长等问题。

三摸：触摸商品，感受其材质和质感，判断与图片呈现的感觉是否一致。检查商品实际材质，确保与属性标注一致，避免因材质不符引发的售后问题。

四测：对于易碎品，卖家应进行 2 米跌落测试，测试 3 次，确保商品无破损。此外，检查从正面或反面打开包裹时，商品有没有可能直接掉出，如果有则需要用胶带等工具做巩固处理。

通过以上四个步骤，基本上可以比较有效地减少售后问题，同时，减少 Temu 仓库质检退回的问题。

5.3.2 商品退供的 5 大主要原因

卖家完成商品备货并发往 Temu 仓库，只是开始。在商品被送到 Temu 仓库后，还要进行严格的质检，在质检通过后才能上架售卖。在商品上架后，市场的考验才真正开始，如果销售情况不佳，或者评分过低，这些商品就可能会被退供。

商品退供不仅会让卖家承担额外的运费及货损（商品在运输过程中出现的损伤或丢失），增加卖家的经营成本，还可能导致销量不错的商品因为补货而无法按时入库，导致商品的资源位被抢、链接权重下降。

了解商品退供的原因，能够让卖家更好地预防和采取应对措施，以下是商品退供的 5 大主要原因。

（1）**外观、包装或标签不符合要求**：如果商品的外观、包装或标签与平台要求不符，或存在破损、违规敏感信息等，那么在仓库质检时，就有可能会退供。

（2）**商品与描述不一致**：入库商品需要在外观上与图文详情保持一致。对商品性能、材质方面，除了仓库质检，平台还会进行随机抽检。如果商品与描述不符，或商品有瑕疵，平台也会进行退供。

（3）**说明书缺失**：平台要求一些类型的商品要附上纸质说明书，如果卖家没有附上纸质说明书，那么也会导致商品被退供。

（4）**合规性问题**：商品如果缺乏平台要求的资质证书，或者存在侵权行为，平台也会做下架处理并进行退供。

（5）**商品滞销**：在商品上架后，平台根据商品品类、体积和重量，设置了不同的滞销标准，如果商品在既定时间内未达到预期销量标准，平台就可能会将其判定为滞销商品，并进行退供处理。

除此之外，笔者在实际运营的过程中发现，部分商品被退供并非因为商品滞销或不符合平台规范。当 Temu 国内仓库出现"爆仓"时（如在过年前后），仓库也有可能在整理过程中对商品产生误判，进行退供。在这种情况下，卖家重新发货入仓即可。

5.3.3　说明书的合规要求及制作方法

对于许多类目的商品，卖家在发布商品时，平台都要求必须提供电子和纸质说明书。电子说明书需要以 PDF 格式（不能为图片格式）上传到 Temu；纸质说明书可以是纸质附件、印刷在包装上的图文，也可以以标签形式贴在外包装袋上，与商品一起提供。

如果卖家没有上传电子说明书，那么将无法创建新商品；全托管模式卖家在商品备货阶段如果没有附上 16 国语言的纸质说明书，那么仓库会拒收。半托管模式卖家的商品如有说明书需求，按销售目的地的官方语言制作说明书即可。

说明书的内容建议主要包括功能介绍、使用说明、安全注意事项、安装和操作指南、维护和保养说明、电池容量（若有）、建议使用时长（若有）等。对于组装或电子类商品，卖家在制作说明书时，在内容设计上应该考虑到方便客户的使用，从而达到减少售后问题的目的。图 5-32 所示为一份具备商品功能介绍及使用说明，内容正确清晰的说明书。

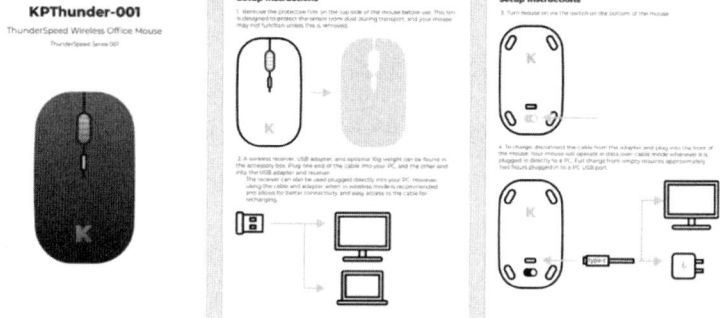

图 5-32

有些词汇在说明书中禁止出现，如表 5-1 所示。

表 5-1

英文词汇	中文释义
warranty	保修
money-back	退款
money back	退款
professional service	专业服务
lifetime guarantee	终身保修
investment service	投资服务
refund guarantee	退款保证
return guarantee	退货保证
extended warranty	延长保修期
refund guaranteed	退款保障
warranty extension	保修期延长
fast shipping	快速发货
Velcro	维可牢（魔术贴品牌）
hook-and-loop fastener	钩环扣
Uber	优步（公司名）
ridesharing company	拼车公司
vacuum-insulated flask	真空保温瓶
post-it	便利贴
sticky note	便签
hot sale	热销
sale	促销

此外，若商品不具有某些功能，如不具有防水功能，则禁止出现描述与防水相关的内容，如 waterproof（防水）、water resistant（防水）等词汇。

如果出现这些词汇，商品就会被下架。此时卖家需要在说明书中删除这部分词汇或描述内容，删除后再找买手解除违规处罚。

卖家可以利用 AI 工具，输入与商品相关的图片、提示词，让 AI 工具辅助撰写说明书内容，并直接将其翻译成多国语言。

卖家也可以直接使用 Temu 后台的说明书制作工具，打开 Temu 卖家中心，找到"商品管理"模块，点击"商品说明书制作"选项，点击"创建商品说明书"按钮，即可进行说明书制作与排版，如图 5-33 所示。

图 5-33

在制作完成后，选择翻译的目标语言，并点击"立即翻译"按钮，如图 5-34 所示，翻译完成后，导出 PDF 文件并打印成纸质说明书。

图 5-34

5.3.4　5 倍罚款真的不合理吗

Temu 平台最受争议的,莫过于售后服务规则中关于商品品质分的罚款规则。

Temu 有一套自己的商品品质分计算规则,按照平台的售后服务规则,品质分小于 60 分的商品,如果因质量问题而产生售后问题,平台会对全托管模式店铺处以商品申报价的 5 倍罚款,对半托管模式店铺处以商品申报价的 3 倍罚款。

不过,因为半托管模式店铺实际上并没有执行品质售后的罚款方案,所以我们常说的"售后罚款",针对的就是全托管模式店铺。

不少正在考虑是否要入驻 Temu 的卖家,听闻"5 倍罚款"后,往往会犹豫与纠结。那么,Temu 的 5 倍罚款真的不合理吗?笔者将从多个角度探讨这个问题,帮助卖家更好地理解和应对这一规则。

从平台的角度来看,全托管模式卖家更像一个"供应商"的角色。卖家将商品寄送到 Temu 的国内仓库后,后续的仓储、物流等成本便都由 Temu 承担。

Temu 国内仓库的工作人员虽然会对商品进行入库质检,但是主要检核的还是图片与实物是否一致、包装是否合规等,而对于商品的质量优劣、是否存在虚假宣传等较为主观的部分很难做出准确的判断,所以对于这些偏主观的内容,平台会借助客户给商品打的品质分来判断,完成对低质商品的淘汰。

尽管在这个过程中可能会出现误判，但从整体层面而言，平台能够借助这种方式，淘汰那些低质商品、低质卖家，从而更好地维护平台整体的生态，形成正向的"增长飞轮"。这对于那些注重商品质量、追求长期发展的卖家，又何尝不是有利的呢？

想要做或者已经在做 Temu 全托管模式店铺运营的卖家，还是需要对"5倍罚款"怀有"解决"的心态，而不是单纯"抱怨"的心态。卖家如何才能规避"5 倍罚款"呢？

第一，**选择有利润的商品**。部分卖家没有自己的上架标准，只要核价通过，且比成本价高，就会选择备货上架，这就很可能在后续的店铺运营过程中陷入被动。建议卖家准备进行首单备货的商品毛利率不低于 30%，且毛利不低于 2元，二者缺一不可。毛利率主要是降低售后风险，以及确保商品接下来有运营的空间，等后续商品有销量了，可以再结合实际情况逐渐降低商品的毛利率；对毛利的要求则主要针对一些客单价极低的商品，如果只看其毛利率，也许会很高，但考虑到物流、货损、售后等问题，可能入不敷出。

第二，**建立自己的质检标准**。卖家可以根据 5.3.1 节，结合自己销售的商品类型，制定自己的质检规范。不过，商品的品质判断一定要从客户的角度考虑，追求的应该是"刚刚好"，而不要追求过高的质量标准，避免商品成本过高导致后续售卖困难。对于工厂直接代发的中小卖家，一定要亲自验货，检核首批商品，并定期进行抽检。

第三，**每日查看商品评价**。商品往往是在售卖到一定数量时，才会出现品质分，有一定的滞后性。卖家应当每天浏览店铺新增的评价，特别是那些低分评价，借助客户反馈的评价内容和图片，及时了解商品存在的问题，并做出相应的优化。常见且可以尽快优化的有标题或图文内容有误导、商品包装有问题等。

第四，及时下架品质分较低的商品。在"商品品质看板"中，卖家可以查看商品的品质分及主要品质问题，对于品质分低于 60 分的商品，即使销量不错，在平台自动创建新的备货单时，也要停止备货。这样一方面能避免产生更多的售后罚款，另一方面，平台随时可能将品质分低于 60 分的商品直接下架，按照平台返单进行备货，可能会导致商品滞销或被退回。

对于卖家而言，5 倍罚款虽然听起来难以接受，但在实际运营过程中，只要卖家合规运营，真正会触发 5 倍罚款的商品其实并不多，大部分商品的品质分都处于 60 分以上且 5 倍罚款针对的是产生了售后问题的商品，把控好商品的售后问题率，卖家是可以得到可观的利润的。

5.3.5　如何从部分站点下架

全托管模式卖家如果遇到以下情况，可以将商品从部分站点下架。

（1）商品在部分站点可能会侵犯他人的知识产权。

（2）商品的某些特性可能不符合部分站点的要求，为了避免法律风险，就需要将该商品下架。在一般情况下，卖家在上传商品信息后，Temu 就会与数据库进行自动匹配，如果存在不符合部分站点要求的情况，平台系统也会自动识别，进行"不可申请备货"等提示，如图 5-35 所示。

图 5-35

（3）商品上架后，如果在某个站点出现大量负面反馈或售后问题，就表示该商品可能不符合当地市场的质量标准或客户需求，为了避免影响店铺评分和商品评分，就需要对该站点进行商品下架处理。

卖家可以在 Temu 卖家中心顶部，点击"反馈"按钮，在弹出的反馈窗口中，"问题类型"选择"商品管理/下架商品或移出在售站点"，并填写相应商品的 SKC ID，在问题描述中写明需要从哪些站点下架，平台就会将该商品从对应的站点下架，如图 5-36 所示。

除此之外，卖家可以带着 SKC ID 和需求，联系商品对应的买手，请其协助下架。

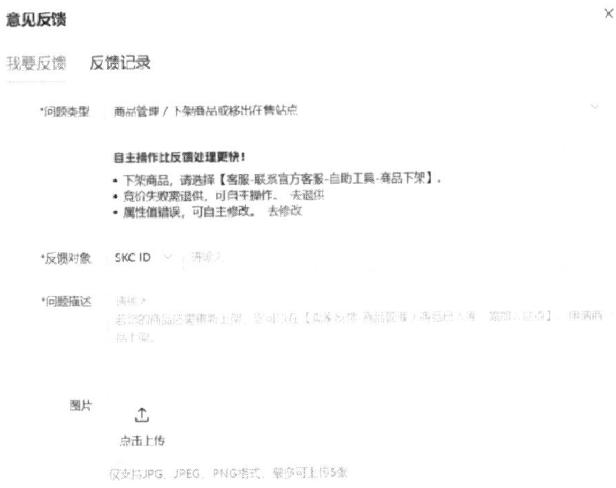

图 5-36

5.4　半托管模式下的主要履约规则与申诉方法

Temu 的半托管模式为卖家提供了一种相对灵活的店铺运营方式，但与全托管模式相比，半托管模式店铺的履约及处罚规则也有较大的差异，卖家需要了解这些规则，并做好相应的规避。

1. 发货与物流时效

- **发货时效**：在订单生成后，卖家需要在规定的时间内完成发货。卖家可以自行设置发货时效，可选 1 个工作日或 2 个工作日内完成发货。如果是定制类商品，Temu 最多可以支持 3 个工作日内发货。

- **物流时效**：在发货后，卖家需要在规定的时间内确保商品送到客户手中。卖家可以自行设置运输时效，通常可选 3～5 个工作日，对于偏远地区可适当延长，部分国家或地区会存在差异。

- **送达时效计算公式**：消费端承诺送达时效=发货时效+物流时效。

- **考核标准**：以商品订单显示的"预计送达时间"为准，客户实际签收时间不应晚于该时间。

2. 主要违规类型

（1）缺货违规：

- **定义**：客户下单后，卖家无法在 7 天内完成发货（含部分、全部缺货情形）。

- **主要触发场景**：卖家主动承认缺货、订单创建 7 个工作日仍未发货、延迟到货后 3 天仍未签收等。

- **规避方法**：对在售商品做好库存管理，合理设置商品库存，重点关注即将售罄的商品。

（2）虚假发货：

- **定义**：卖家上传虚假物流单号或订单的物流轨迹异常。

- **主要触发场景**：揽收时间与订单创建间隔超过 72 小时、在单个转运中心停留超过 48 小时、发货地不符合平台要求、重复使用物流单号等。

- **规避方法**：确保在平台规定的时间内及时上传物流单号，并监控物流轨迹，也可以使用平台面单进行发货。

（3）延迟到货：

- **定义**：实际签收时间超过平台的"预计送达时间"。

- **主要触发场景**：后台的物流时效设置不合理、对偏远地区没有延长时效等。

- **规避方法**：合理设置物流时效，对偏远地区可以进行屏蔽，部分卖家可以通过分仓发货（如美东和美西仓），缩短尾程配送所需要的时间。

（4）欺诈发货：

- **定义**：卖家已发货但不合规。

- **主要触发场景**：向客户发送空包裹、卖家交付的部分或全部商品与商品详情页描述（如材质、规格、功能、数量等）存在显著差异。

- **规避方法**：按照平台规范，做好合规运营。

如果平台产生了误判，那么卖家可以在平台规定的时间内，找到"店铺管理"模块，点击"违规信息"选项，即可在"订单违规"页面找到被判违规的订单，主动发起申诉，如图 5-37 所示。

卖家在申诉时，一定要提交真实有效的证明材料。如果被平台发现材料造假，不仅申诉会被驳回，卖家可能还会受到更严厉的处罚。

图 5-37

5.5 商品标签规范

在 Temu 的全托管模式下，商品核价通过后，寄往 Temu 国内仓库前，卖家必须严格按照平台规则，为寄送商品粘贴完整且合规的标签。

如果卖家的标签信息不合规，包括但不限于标签信息错误、与后台申报信息不一致、标识缺失、印刷不清晰、漏贴等，商品就会被仓库退回。

对于首次发起备货单创建的商品，卖家在加入发货台前，需要先按照要求上传商品资质和外包装实拍图，否则无法加入发货台，如图 5-38 所示。

图 5-38

5.5.1　商品需要的标签标识

在卖家中心点击"合规中心"按钮，即可跳转到"Seller Central"页面。在该页面中，卖家点击"商品实拍图"模块，找到对应的商品，即可看到商品相应的标签标识要求，图 5-39 所示为某款商品所需要包含的标签标识。

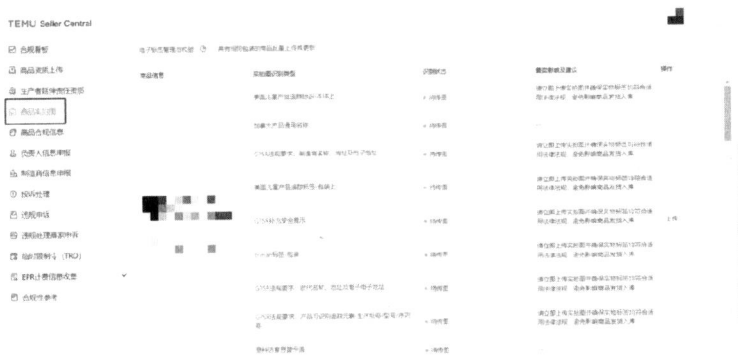

图 5-39

点击"上传"选项，再在"实拍图识别类型"一栏中点击"示例"选项，查看每个标签的示例图或相应规则，如图 5-40 所示。

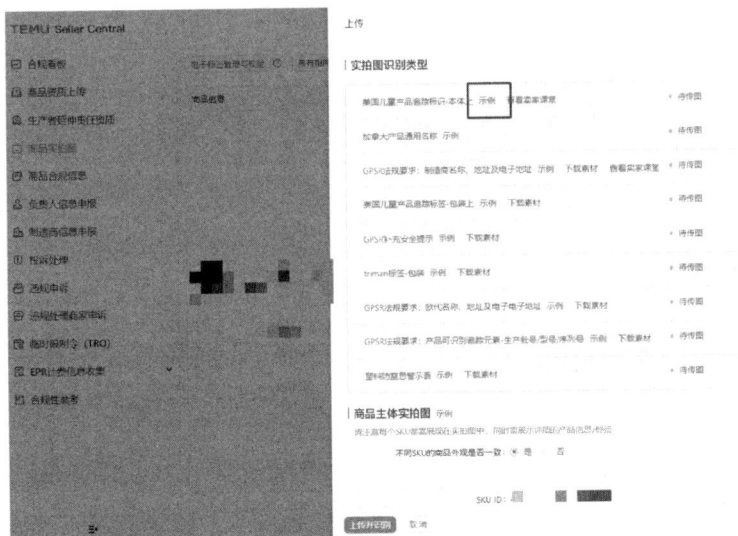

图 5-40

商品标签标识要求因商品类型、售卖目标群体及目标站点的不同而存在显著差异。以下是笔者总结的一些卖家常见的商品标签标识要求。

1. 法国Triman标识（包装）

● **适用国家或地区**：法国。

● **标识构成**：由 Triman 标识、回收建议组成。回收建议部分可由图标或文字构成，也可二者兼顾。若商品不光在法国销售，则还需加上法国国家代码"FR"，如图 5-41 所示。

● **尺寸要求**：标准型格式高度不得小于 10mm，紧凑型小包装高度不得小于 6mm。

● **注意事项**：Temu 全托管模式店铺中所有需要包装的商品，都必须张贴带有该标识的标签，如果商品属于部分特定品类，还需要张贴带有对应品类标识的标签，例如儿童玩具还需要张贴带有玩具 Triman 标识的标签。

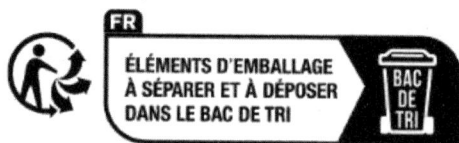

图 5-41

2. 欧代标识

● **适用国家或地区**：欧盟。

● **标识说明**：在欧代相关标识中，"EU"是"European Union"的缩写，意为"欧盟"，"REP"是"Representative"的缩写，意为"代表"。"EU-REP"表示"欧盟授权代表"，即由位于欧洲经济区（EEA，包括 EU 与 EFTA）以外的制造商明确指定的一个自然人或法人，代表 EEA 以外的制造商履行欧盟相关的指令和法律对该制造商所要求的特定职责，如图 5-42 所示。

● **适用商品类别**：全品类商品（除食品外）。

EU|REP
XXXXXX
XXXXXXXXXXXXXXXXXXXXXXXX

图 5-42

3．英代标识

● **适用国家或地区**：英国。

● **标识说明**："UK-REP" 指由位于英国境外的制造商明确指定的一个自然人或法人。该自然人或法人需能代表英国境外的制造商履行英国相关的指令和法律对该制造商所要求的特定职责，如图 5-43 所示。

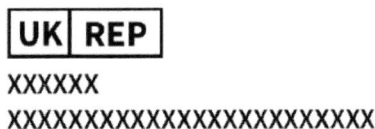

● **适用商品类别**：全品类商品（除食品外）。

UK|REP
XXXXXX
XXXXXXXXXXXXXXXXXXXXXXXX

图 5-43

4．CE认证

● **适用国家或地区**：欧盟、英国。

● **标识说明**：CE 标识是法语 "Conformité Européenne" 的缩写，意为 "符合欧洲标准"，是一种在欧盟市场广泛使用的强制性安全认证标识，如图 5-44 所示。

● **适用商品类别**：CE 标识适用于众多商品类别，包括但不限于电子电器、医疗设备、儿童玩具、防护用品等。

● **尺寸要求**：CE 标识的高度原则上不得小于 5mm。

图 5-44

5. UKCA认证

● **适用国家或地区**：英国。

● **标识说明**：UKCA 是 "UK Conformity Assessed" 的缩写，意为 "英国合格评定"。它是在英国 "脱欧" 后，取代 CE 认证的英国市场商品合格标识，表明商品符合英国相关法律法规要求，如图 5-45 所示。

● **适用商品类别**：与 CE 认证类似，覆盖电子电器、建筑用品、个人防护装备、医疗设备、玩具等众多商品类别，但具体指令和标准会与欧盟有差异。

● **尺寸要求**：UKCA 标识的高度原则上不得小于 5mm。

图 5-45

6．LFGB认证

- **适用国家或地区**：欧盟、英国。

- **标识说明**：LFGB 是德国《食品、日用品和饲料法典》的德文缩写。其标识性的"刀叉"标识，代表商品通过该认证后可安全接触食品。LFGB 标识如图 5-46 所示。

- **适用商品类别**：食品接触类商品。如陶瓷餐具、玻璃制品、金属厨具、塑料制品、橡胶制品、纸制品、木制品、食品包装材料等。

图 5-46

7．儿童玩具警示语

- **适用国家或地区**：全球大部分国家或地区，但不同国家或地区依据自己的玩具安全法规，对警示语会有不同要求。

- **标识说明**：LFGB 是常见的儿童玩具警示语标识，分为年龄限制标识、危险警告标识和窒息危险标识。

（1）**年龄限制标识**：以"Not suitable for children under 3 years"（不适合 3 岁以下儿童）这类文字搭配一个被划掉的小孩头像呈现。文字明确指出适用年龄段，图标直观展示限制低龄儿童使用，主要用于防止低龄儿童吞食玩具小部件等风险。图 5-47 所示为一种年龄限制标识。

（2）**危险警告标识**：常见的弹射类玩具会有"WARNING: Do not aim at eyes or face."（警告：不要对着眼睛或脸发射）的危险警告标识，从而达到提醒使用者避免因不当使用而造成人身伤害的目的。

（3）**窒息危险标识**：当玩具有小部件时，"Choking Hazard-Small parts. Not for children under [X] years"（窒息危险-小部件，不适合×岁以下儿童）这句英文会和一个警示三角形一起出现，可以起到避免儿童误吞小部件导致窒息的作用。

图 5-47

8. FCC认证

● **适用国家或地区**：美国。

● **标识说明**：FCC 认证代表商品符合美国电磁兼容性、射频辐射等方面的标准。常见的标识有 FCC 标识、FCC ID 以及符合性声明标识。

（1）**FCC 标识**：由大写字母"FCC"组成，如图 5-48 所示。FCC 标识代表商品经过美国联邦通信委员会认证，符合美国在电磁兼容性、射频辐射等方面的标准。该标识表明商品在正常使用过程中，不会对周围无线电设备产生过度干扰，同时自身具备一定的抗干扰能力，保障客户的使用安全和无线电频谱的正常秩序。

（2）**FCC ID**：是商品的唯一识别代码，由授权方代码（Grantee Code）和商品编号组成。在 FCC 认证数据库中，通过 FCC ID 可精准查询到商品的详细认证信息，包括制造商信息、商品技术参数、测试报告等。

（3）**符合性声明标识**：部分经过 FCC 认证的商品还会带有符合性声明标识，通常会包含 "Complies with FCC Rules"（符合 FCC 规则）等文字，进一步明确商品已满足 FCC 相关法规要求。

图 5-48

- **适用商品类别**：主要适用于各类电子产品，包括无线通信设备（如手机、无线路由器等）、带有无线功能的计算机及周边设备（如无线键盘、无线鼠标等）、射频玩具等。只要商品在运行中会产生射频辐射，或具备无线通信功能，通常就需要进行 FCC 认证。

- **注意事项**：FCC ID 的前缀词必须使用大写的 "FCC ID" 来呈现。在标识方式上，FCC ID 必须印在商品的实物标签上，除非采用了电子标签。

9. 西班牙包装标识

- **适用国家或地区**：西班牙。

- **标识说明**：西班牙包装标识用于指导商品包装材料的回收分类。该标识以黄、蓝、棕、绿四种颜色对应不同类型的包装材料，如图 5-49 所示。每种颜色标识搭配西班牙语的 "RECICLA"（回收）以及对应颜色垃圾桶的投放说明，如 "Al Amarillo"（放入黄色垃圾桶），另外还有一个人扔垃圾进垃圾桶的图标。

- **适用商品类别**：塑料、金属用黄标，纸制品用蓝标，可堆肥材料用棕标，玻璃用绿标。

- **尺寸要求**：最小尺寸不小于 8mm，一般推荐使用 10mm，并且在标识周围需预留 1mm 的空白区域。

- **打印要求**：在打印标识时，如果是黑白打印，那么需要确保有清晰的文字说明标识对应的颜色。对于复合材质的包装，如纸塑结合的礼盒，可采取将不同材料的标签分区域张贴的方式，若难以分区域张贴，则按照重量占比最大的材料来张贴对应标签。

图 5-49

　　卖家需要严格遵循 Temu 合规中心的要求，制作相应的标签，确保商品标签准确与合规。关于标签的详细制作步骤，可以参看 5.5.4 节。

5.5.2　商品标签的合规要求

从实际需求来看，商品标签主要需要满足三个合规要求。

- **内容准确、完整**：标签需要涵盖所有必要内容，没有缺失、没有遗漏。

- **打印清晰、可读**：标签上的内容应该打印清晰，确保文字、标识等信息都能轻松读取，不会出现模糊不清、难以识别的情况。

- **粘贴牢固、到位**：标签要粘贴得牢固可靠，不会轻易脱落，并且严格按照规定的位置粘贴。

按照标签所在位置，笔者将其大致分为"商品本体标签"和"包装标签"。

1. 商品本体标签

商品本体标签就是直接贴在或者印在商品上的标签，比如衣服上的水洗唛、电子产品上的型号和参数，都是商品本体标签的一部分。它通常涵盖 CE 标识、可追溯性信息、商品型号等关键内容。

图 5-50 所示的某款商品就印有 CE 标识及 FCC ID 等溯源信息类商品本体标签。

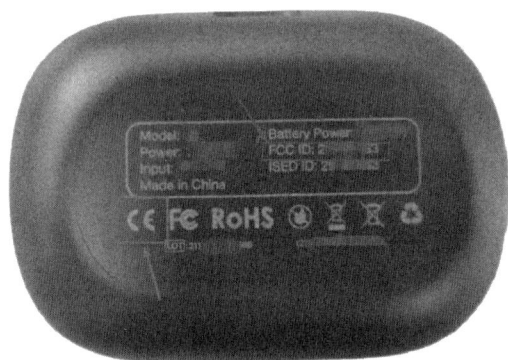

图 5-50

美国对儿童商品的本体标签有特别的规定。美国专门针对 12 岁及以下儿童使用的商品，要求在商品本体和包装上都要有清楚、不容易掉的标签，我们叫它们"溯源标签"。这么做的目的就是在商品出现问题时，能快速通过"溯源标签"查到这个商品是哪个厂家生产的、什么时候生产的，从而进行相应的监管和追责。

商品本体标签需要满足**"永久性标准"和相应的内容要求**。

简单来说，永久性标准就是商品本体上的溯源标签得能经得住"折腾"。在商品的预期使用寿命中，标签要能够稳稳地固定在商品上，而且能够看得清。

比如，小孩子的衣服要是用吊牌或者普通的不干胶标签来做溯源标签，就不符合要求。所以，纺织类儿童用品一般用水洗唛当标签，而且水洗唛需要特别耐用，就算按照正常的洗涤方式洗很多次，上面的字也依然能够看得清楚，如图 5-51 所示。

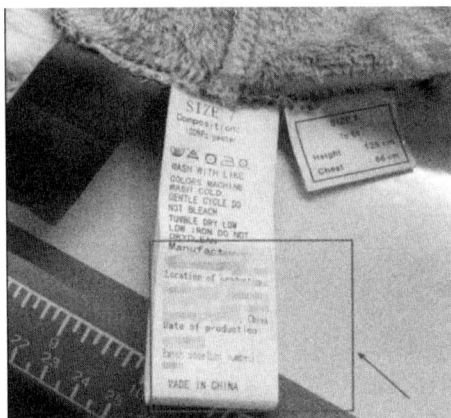

图 5-51

对于不是纺织品的儿童用品，比如玩具、电子产品等，永久性标准可以直接印在商品上。常见的方法有镭雕（激光雕刻）、UV 打印、丝印、移印、热转印、注塑等。图 5-52 所示为用镭雕工艺将标签内容印在积木商品本体上。

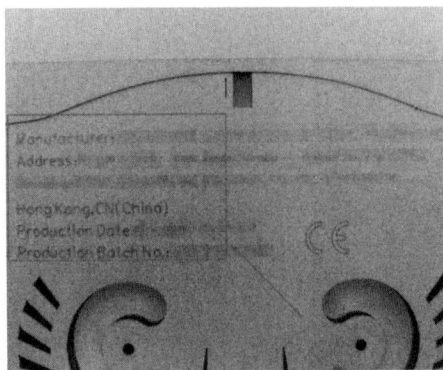

图 5-52

另外，也可以用一些特殊的标签纸，像 PET 标签纸、PVC 透明防水贴、亚银标签纸等，把它们牢牢地贴在商品本体上，但是要确保这些标签不会脱落，长期清晰可见，而且能耐高温、防油、防水、抗撕裂。图 5-53 所示为把小尺寸的亚银标签纸粘在玩具小车的底部。

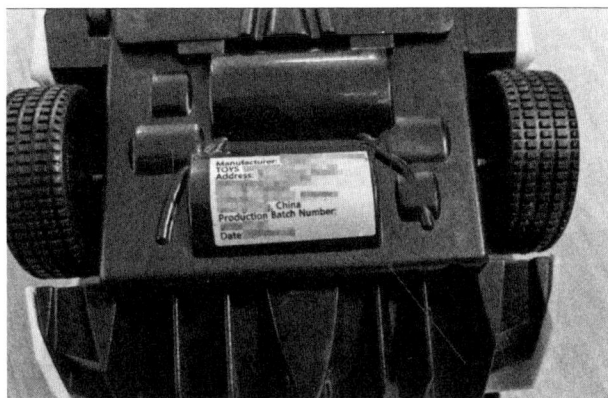

图 5-53

在内容要求上，儿童商品本体及其包装上的溯源标签，至少要包含以下信息。

- **制造商/进口商名称**：生产该商品的厂家名称，或者从国外把商品引进美国的公司名称。例如"Manufacturer：××××××"。

- **生产地点**：说明商品是从哪里生产的。例如"Location of production ××××××"。

- **生产日期**：说明商品是什么时候生产的，要写清楚年和月。例如"Date of production: 2025.6"。

- **生产批次号（或其他有关制造流程的详细信息）**：生产批次号就像商品的身份证，同一批生产出来的商品的批次号是一样的。例如"Batch Code: ××××××"。

除了上面这些内容，其他有助于确定商品具体来源的信息，也可以体现在溯源标签中。

这里要特别提醒一下，溯源标签上必须有制造商、进口商或者自有品牌商的公司全称，不能只印商标名称或者标识。对于自有品牌的商品，标签上既要写自有品牌商的公司名，还要有能查到实际生产厂家的代码或者其他标记，以便客户在后续商品出现问题时能够追溯到实际的制造商。

2. 包装标签

包装标签就是贴在商品包装上的信息，Temu 的普通商品标签主要包括制造商信息（名称、地址、邮箱）、欧代信息、法国 Triman 包装标签、防窒息警告语以及商品条码标签。

不同的商品有不同的标签内容要求，以 Temu 合规中心的商品对应要求为准。

对于包装标签的具体内容以及注意事项，卖家可以参看 5.5.4 节。

5.5.3 商品标签不合规的示例

许多卖家在备好货后，都遇到过上传实拍图标签识别没通过、仓库质检因标签问题导致退回的情况。卖家在遇到这些情况时，往往一头雾水，不知道问题到底出在哪里。笔者对常见的驳回原因进行了汇总，卖家在遇到上述问题时，可以对照进行自查。

1. 标签信息不一致

● **系统申报与实物标签不一致**：在系统中申报的制造商、欧盟地区商品销售负责人、商品识别信息等与实物标签上的内容不一致。

● **不同的标签之间信息不一致**：商品上的多个标签（如商品的内包装标签、外包装标签等）之间信息存在矛盾或不一致的情况，影响商品的识别和管理。如图 5-54 所示，某款商品内包装上所展示的成分信息，与外包装标签上所展示的成分信息不一致。

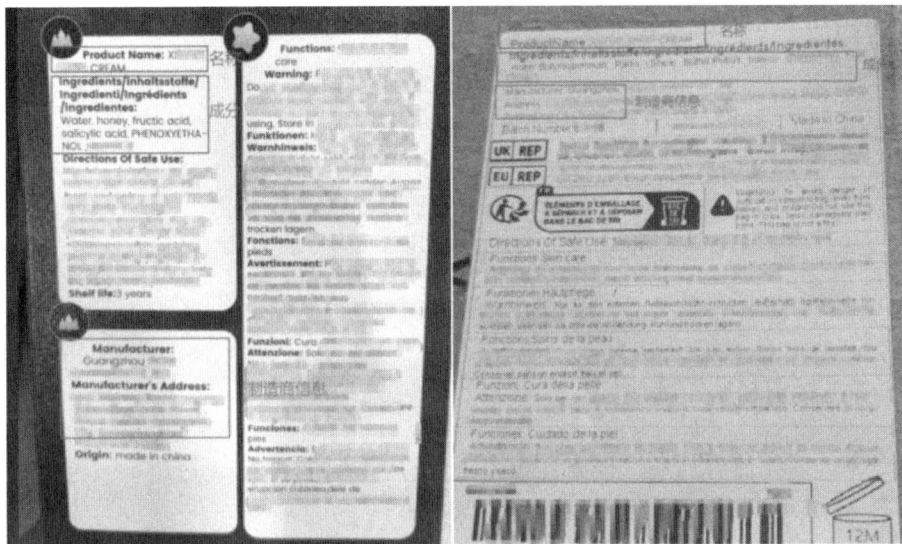

图 5-54

2. 标签内容有缺失

- **制造商或欧盟地区商品销售负责人的信息缺失**：标签中缺少制造商名称、地址、电子邮箱，或欧盟地区商品销售负责人的相关信息。这些信息的缺失会导致无法识别商品来源和责任主体。

- **商品识别信息缺失**：没有提供商品类型、批次、序列号或其他便于识别商品的信息，影响商品的追踪和管理。如图 5-55 所示，该商品其他信息齐全，但是缺少型号（Model）信息。

- **特定商品警示语缺失**：某些特定商品（如塑料制品）缺少防窒息警示语，不符合安全要求。

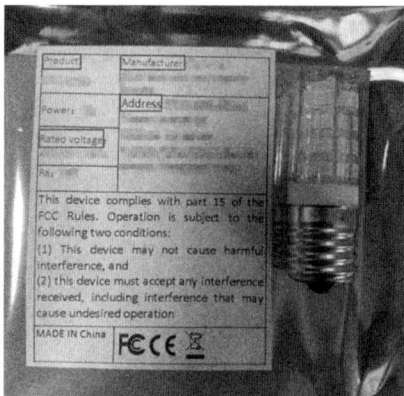

图 5-55

3. 标签格式不合规

- **文字排版问题**：标签上的文字排列不整齐，或打印不清晰，信息难以辨认。

- **上传不合规**：在拍照上传时，必须上传商品与标签的照片，不能是电子版标签。

- **手写部分信息**：标签内容必须为打印的，不能手写。图 5-56 所示为存在手写信息的标签。

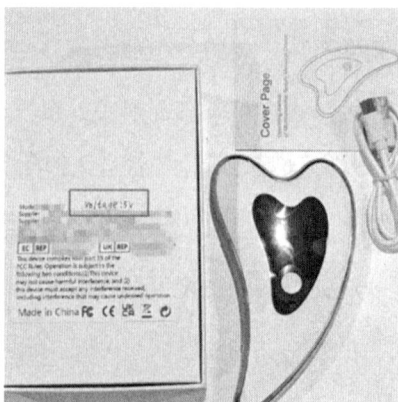

图 5-56

4．标签拍摄问题

- **图片模糊不清**：在拍摄时对焦不准，导致标签上的文字和图案无法辨认。

- **光线不足或过强**：拍摄环境光线不好，标签部分区域过暗或过亮，导致信息无法准确识别。

- **拍摄角度不当**：没有从正面或合适的角度拍摄标签，导致部分信息被遮挡或变形。

- **照片展示不合规**：商品实物与标签信息没有在同一张照片中展示。如果商品过小而标签较大，那么卖家可以调整标签大小或者将标签粘在商品的包装上；如果商品过大或者有多个，那么卖家可以拍摄两张图片并同时上传，一张拍摄所有商品与标签（标签无法拍得很清楚也没关系），另一张则是清晰的标签和商品局部（从而表明标签与商品相对应）。

- **标签为 PS 的图**：标签不能存在 PS 痕迹，必须是与商品一起的实拍图。如图 5-57 所示，这个标签明显就是 PS 在商品上的。

图 5-57

5．标签粘贴不规范

- **标签纸不合规**：外包装的标签必须使用打印好的黏性贴纸，而不能用胶带和白纸进行粘贴。此外，标签纸也不能存在明显的加工痕迹。

- **过大或过小**：标签应该适配商品或商品包装，避免明显过大或小，导致内容看不清或影响美观。

- **粘贴不牢固**：标签粘贴不紧密就容易脱落或翘起。图 5-58 中的商品和标签不仅没有紧密粘贴，只是进行摆拍，而且标签纸还存在明显加工的痕迹。

- **多标签覆盖**：不要将多个标签粘贴在同一个位置，如用新标签覆盖原有标签。

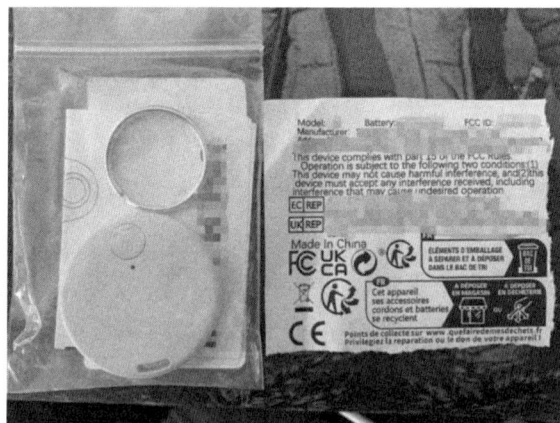

图 5-58

5.5.4　标签制作及注意事项

卖家在将商品打包并发往 Temu 国内仓库时，准确制作和使用标签是保障货物顺利流转的关键环节。这一过程主要涉及商品标签和打包标签两种标签，每种标签都有其特定的用途、制作要求和注意事项。

1．商品标签

商品标签主要包含商品核心信息与合规标识。例如，商品条码、欧代信息及商品售卖目的地所要求的各类标识。

图 5-59 所示为一个普通商品的商品标签，由制造商信息、商品信息、欧代信息、法国 Triman 包装标识、警示语及商品条码等组成。

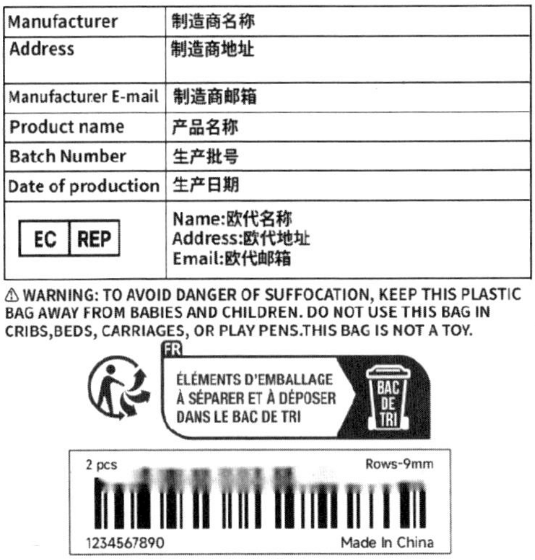

图 5-59

商品条码可以理解为 Temu 给商品 SKU 创建的唯一识别码，主要用于 Temu 商品的出入库及销售识别，可以像上面的普通商品标签一样，与其他内容共同打印在一个标签中，也可以单独用 70cm×20cm 的标签纸打印。

欧代信息包括名称、地址、邮箱，都是由办理欧代服务的服务商提供的，卖家要确保与后台录入的一致。另外，卖家在办理欧代服务时，要注意和服务商确定好授权类型，大部分服务商都是以主体进行授权的，也就是说，不同店铺的同一个主体，可以用同一个欧代信息。

卖家要把商品标签贴在最小销售单元的正面，比如钥匙扣，在出厂时每个钥匙扣都有一个袋子，卖家上传核价时，把 3 个钥匙扣设为一个 SKU，将这 3 个钥匙扣装在一个盒子里，那么，这个盒子就是最小的销售单元，卖家需要将商品标签贴在盒子上，而不是贴在每个钥匙扣的袋子上。

在贴标签时，卖家也要注意不要把标签贴在商品包装的封口处，避免仓库质检时导致标签损坏。

2. 打包标签

打包标签，就是将同 SKU 商品打包好寄给 Temu 国内仓库时，在每个 SKU 包裹上贴的标签。

每个商品创建发货单或平台返单后，我们要按照返单，将规定数量的 SKU 打包在一起，在"备货单管理"模块的"发货单列表"中，找到相应发货单，打印商品打包标签，并将打包标签贴在打包好的外包装上。

打包标签的规格一般是 100cm×100cm，如图 5-60 所示。标签上的所有内容都是平台自动生成的，上面会写发往哪个 Temu 国内仓库。如果卖家在选好了快递公司后再打印，底部还会标注取件快递公司及相关信息。

图 5-60

卖家也需要注意，无论是哪种标签，尽量都不要贴在包装盒的边角处，否则容易磨损导致标签信息无法被正确识别。

第6章

6

完美商品的打造方案

6.1 商品的"两道关"：算法和客户

笔者在大学期间，曾自己开发过一款 O2O（Online to Offline，线上到线下）电商平台，并曾在一家行业独角兽企业负责中台运营，负责整个公司的流程和系统建设，所以对系统算法有一定的了解。本节内容其实不光适用于 Temu，还适用于所有电商平台。

作为卖家，我们上架的任何商品都需要经历双重考验：第一重考验是算法系统的数据化筛选，第二重考验是客户的心智选择。

平台的算法会决定商品的可见性，也就是我们常说的自然流量，客户的决策则决定了商品的转化率，转化率又会影响平台的后续推荐，两者共同决定了商品的销量和生命周期。

很多卖家一听到"算法"，就觉得高深莫测，感觉和自己没什么关系，其实我们确实不用了解太深，毕竟过于复杂的技术是程序员要考虑的事情，但是作为运营人员，我们一定要有"算法思维"，就是持续推测算法的逻辑，从选品、商品打造上做好相应的优化。

由于不同的电商平台自身特点的差异，其算法各不相同。以国内电商平台为例，拼多多因为具有社交电商的属性，所以在算法上融入了"社交裂变"的因素，客户的拼单行为、分享次数等社交数据会影响商品的推荐权重。淘宝、京东这类传统货架电商更侧重于商品本身的数据表现，如历史销量、评价星级等。

尽管每个平台的算法都有所不同，但核心的数据指标，如关键词密度、点击率、转化率、客户停留时长等，都是提升商品排名的关键因素，只是权重会在各个平台之间有所差异。

对于每款新商品，平台都会给予一定的初始流量，当商品通过价格、图片、视频等吸引客户，有了不错的点击率时，算法就会将其识别为"潜力商品"，进而给予更大的流量倾斜。当然，这只是从单一的点击维度来讲的，算法的本质是动态博弈系统，既不会因为单一数据维度的优秀而持续加持，也不会因短期数据波动而彻底否定，卖家需要理解其"动态平衡"的运行哲学。

客户则是商品销量和生命周期的最终裁判。客户的决策链路始终遵循着"注意－兴趣－信任－行动"的递进逻辑：在 0.5 秒的页面滑动中，商品主图负责在众多同类商品中的注意力获取；在 5 秒的商品详情页停留期，轮播图和商品视频要将客户带入真实的使用场景中；在 20 秒的详细浏览阶段，详情页和 Q&A 需要完成商品价值和差异化的完整输出。

算法与客户的深层关联在于数据闭环的形成：商品通过算法获得曝光机会，客户行为产生交互数据，数据优化算法模型，升级后的算法重新分配流量。在这个循环中，当商品同时通过算法关的"数据验证"和客户关的"价值验证"后，就会形成正向的"增长飞轮"。

6.2　从算法和客户视角打造完美商品

6.2.1　商品打造之一：商品标题

一个好的商品标题不仅能让商品在众多同类商品中脱颖而出，更能直接影响商品的曝光量、点击率和转化率，最终决定销售业绩。

即使对全托管模式卖家来说，同样的商品用不同的商品标题，最终销量也是差异巨大的。不要误以为全托管模式就是平台包揽一切，Temu 自动生成的标题是系统通过商品图片、卖家写的关键词，利用算法匹配自动生成的，但是对于卖家没有写的卖点，系统是不会自动创造出来的。

1．国内外电商标题的差异

不同电商平台的规则和客户习惯，造就了商品标题的差异。

从字符数来看，国内电商平台淘宝规定标题最多为 60 个字符，拼多多相对宽松，允许为 100 个字符；国外的亚马逊的标题最多为 200 个字符，Temu 的标题最多为 250 个字符。

在关键词运用上，国内电商更倾向于堆砌热门关键词，期望通过这种方式，增加客户在搜索过程中的曝光量。例如在淘宝搜索"连衣裙"，一些标题可能会出现"仙女裙显瘦气质修身蕾丝连衣裙夏季新款"这样密集的关键词排列。国外电商则更注重精准匹配，以与商品紧密相关且符合客户搜索习惯的词组为主，避免过度堆砌。图 6-1 所示为 Temu 上的一款电子产品，其标题为"LED Bathroom Speaker, USB Charging Wireless Audio Interface Box with Button Control, Rechargeable Lithium Polymer Battery, Smartphone Compatible, Plastic Construction, ≤36V Operating Voltage"（具有按钮控制的 USB 充电无线音频接口盒，防水 LED 浴室音响，可充电锂聚合物电池，智能手机兼容，塑料材质，

≤36V 工作电压）。标题简洁明了，精准突出了商品的核心信息。

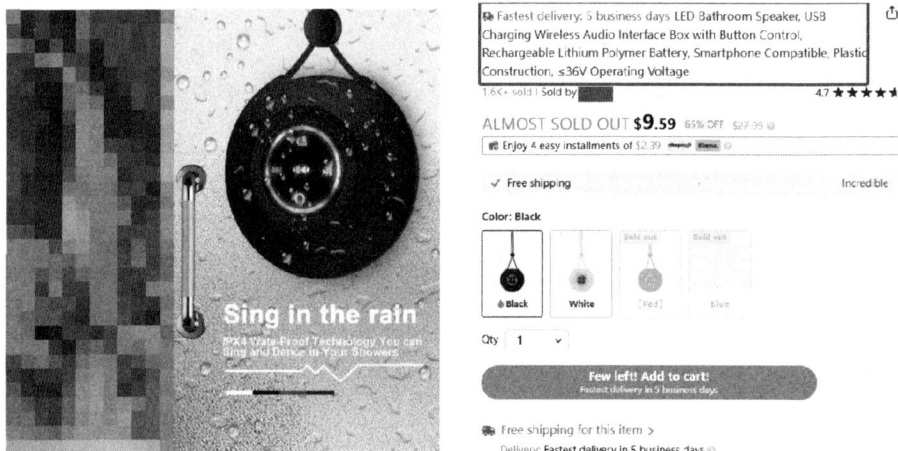

图 6-1

2. 优化商品标题的好处

（1）**提升搜索排名**：在 Temu 的搜索算法中，商品标题是影响搜索排名的重要因素之一。商品标题与商品详情页的其他要素，如高质量的商品图片、独特的商品卖点、合理的商品类目、有竞争力的价格相互配合，就能显著提升商品在搜索结果中的排名。

（2）**精准触达目标受众**：优质的标题能够让客户更轻松地找到需要的商品。清晰且具有描述性的商品标题，能够帮助客户快速判断商品是否符合他们的需求。以母婴类商品为例，"Multifunctional Diaper Backpack with Changing Station, Portable Travel Baby Bag Organizer, Soft Shell Polyester, Utility Pockets, Large Capacity, Baby Registry Must-Haves, Ideal Baby Shower Gift"（多功能尿布背包，带更换台，便携式旅行婴儿包收纳袋，柔软外壳涤纶材质，实用口袋，大容量，婴儿必备品，理想的婴儿满月礼物）这样的标题，明确指出了商品的适用对象、材质和核心卖点，让有需求的宝妈们能够迅速锁定这款商品。

（3）**减少售后问题**：清晰的数量、规格等信息，能够有效减少因为标题而产生的售后问题。

3．标题六要素

（1）**数量词**：数量词放在标题前面，特别是对于多件装的商品，这样能给客户一种多和实惠的感觉。从视觉焦点上，数字比字母更容易凸显出来，从而吸引客户的注意力，提高点击率。例如，"10 包家庭装抽纸"，"10 包"这个数量词就能让客户直观地感受到商品的实惠，提高点击和购买的欲望。

（2）**品牌名**：品牌比较有名时，放在前面可以借助品牌的影响力吸引客户，以及提高搜索曝光量。

（3）**核心关键词**：一个标题要包含两三个核心关键词，且核心关键词一定要放在前面，不要作为长尾词，因为标题权重是从左到右递减的。同时，在标题字符数限制下，尽量多写一些，以获得更多流量。

（4）**属性词/功能词/特点词**：这些词主要用于体现商品的功能和属性，形成长尾关键词，增加可读性，同时让客户快速知道商品卖点。比如，一款空气净化器的标题"空气净化器，高效除甲醛，智能感应，静音运行"，"高效除甲醛""智能感应""静音运行"等属性词和功能词，既能在标题中让客户清晰地了解商品的特点，又能提高标题的精准搜索量。

（5）**修饰词**：修饰词能够增加商品的美感，透露出对商品品质的肯定，比如"premium"（优质的）、"upgrade"（升级）等。在"premium leather handbag"（优质皮革手提包）中，"premium"这个修饰词就能够在一定程度上让客户感受到商品的高品质。

（6）**标点符号**：用逗号合理地隔开标题内容，能让客户读标题更轻松，快速获取商品的关键信息。

4．标题撰写公式

（1）**公式**：品牌名（如有）+关键词 A，属性词/功能词/特点词+关键词 B，修饰词+关键词 C，场景词。

（2）**原理**：在电商平台的系统算法里，关键词从左到右，权重和流量一般都是递减的，所以要把最优质的词写在前面。逗号前面的词，在系统识别时会精准匹配，如果没有逗号则是宽泛匹配，所以会有轻微加权的效果。

（3）**注意事项**：最前面不要放长尾词，标题尽可能用精准词+大词的方式，从而提高曝光量。

（4）**示例**："Anker PowerBank, 20 000mAh High - Capacity, Fast Charging Technology, Compact Design"（Anker 充电宝，20 000mAh 大容量，快速充电技术，紧凑型设计），"Anker"是品牌名，"PowerBank"是核心关键词，后面通过逗号连接功能词和卖点词，突出商品优势。

5．注意事项

卖家在撰写标题时，需要注意以下事项。

（1）**标题字符数**：Temu 的标题要求不超过 250 个字符，因为显示问题，前110～120 个字符会直接展现在客户搜索页面。所以，在撰写标题时，要将最重要的信息放在前面，确保客户在浏览时能够第一时间获取关键内容。

（2）**标题大小写**：将商品标题中每个单词的第一个字母大写，会让客户阅读更轻松。不要全部大写，如介词（in、on、over、with）、连词（and、or）和冠词（the、a、an）等虚词，都不应该大写。另外，在撰写标题的过程中，也应该尽量少用虚词。

（3）**数字**：尺寸、数量等建议使用数字而不是单词来表示，这样更加简洁清晰。例如，用"8pcs"而不是"Eight - Pack"。同时，如果同一个链接有多个数量的 SKU，要么不写，要么就都写出来，如"2/4/8pcs"，否则会让客户混淆，平台也会判定此类标题违规。

（4）**尺寸和颜色**：当同一个链接有多个 SKU 时，要么不写，要么都写出来，保持标题的准确性和完整性。比如，一款服装有 S、M、L 三个尺码，黑色、白色、红色三种颜色，标题可以写成"时尚连衣裙，尺码 S/M/L，颜色黑/白/红"，但最好不写，只在图片中展示。

（5）**计量单位**：商品标题中可以用计量单位缩写形式，如"cm""oz""in""kg"等。如果计量单位可能造成混淆，那么应该尽量写全，避免因缩写而引起客户误会及产生不必要的售后问题。

（6）**符号规范**：除了逗号（,）、短横线（-）、连接符号（＆）、句号（.）以及斜杠（/和\），其他的符号都不能使用。虽然 Temu 允许卖家使用连接符号（＆），但是客户在搜索时，基本不会使用这个符号，所以建议最好将其替换成"and"。此外，也不要使用特殊符号。

（7）**主观描述**：卖家要避免在商品标题中使用"Best"（最佳）、"Perfect"（完美）、"Great"（伟大）、"No.1"（第一）、"Top Quality"（顶级品质）等主观描述的形容词，保持标题的客观性和真实性。功能性的词语也是不允许使用的，如水晶产品标题中写"身体健康""获得财富"等。

（8）**行业术语**：在写标题时，一定要考虑受众的接受度，尽可能规避普通客户难以理解的行话或行业术语。比如，在售卖智能扫地机器人时，应避免使用"SLAM 算法"这样的专业词汇。虽然在智能硬件领域，这是实现扫地机器人精准导航的关键技术，但普通客户很难理解其中的含义，反而会感到困惑。相比之下，使用通俗易懂且更具吸引力的表述，能让商品更容易被客户接受，更容易被搜索到。例如，将"采用先进的 SLAM 算法实现精准导航"改为"精准规划清扫路线，智能避障不撞墙"，能让客户快速理解商品的价值。

6.2.2 商品打造之二：商品图片

好的图片能够很好地展示出商品的特点和优势，并在客户心里建立信任感，让客户了解商品的差异点，有效提高点击率和转化率。

1. 图片的顺序

一套完整且合理的商品图片，往往能有逻辑地向客户展示商品信息。一般的图片顺序是：主图、卖点图、场景图、尺寸图、功能图（对比图）、细节图、材料图（材料图包括使用说明图、开箱配件图、包装图、安装图等）。

2. 图片的作用

（1）主图：点击率的"敲门砖"。在 Temu 上，主图是商品展示的"门面担当"。当客户在浏览商品列表时，首先映入其眼帘的就是主图。一张高清、有吸引力的主图，能够迅速抓住客户的眼球，激发他们进一步了解商品的兴趣。例如，一款时尚的连衣裙的主图展示了模特穿着连衣裙在优雅的场景中自信地微笑，服装的款式、颜色和细节都清晰呈现，这样的主图就很容易吸引客户打开商品详情页。一些卖家可能会观察到，Temu 在搜索页面向客户展示的图，并非只是主图，看起来更像随机选择并展示的轮播图，但笔者认为，如果平台想要实现效率最大化，应该向不同的客户展示不同的轮播图，并选择点击率最高的轮播图，在后续的推荐中持续加大曝光展示量，而其他图的曝光量则依次递减。实际上，我们在运营过程中也会发现，如果主图本身做得不错，搜索出现主图的概率还是最高的。

（2）附图：转化率的"助推器"。主图之外的图片承担着进一步展示商品细节、功能、使用场景等重要信息的任务。这些附图能够帮助客户全面地了解商品，解答他们心中的疑虑，从而增加购买的可能性。比如，一款智能手表的附图，展示了手表的各项功能操作页面、不同表带的更换效果及在运动场景中的使用情况，帮助客户更快地了解商品，如果恰好图片中提到的某个功能或卖点是客户所想要的，而其他大部分卖家没有提到，就很容易促成客户的购买。

3. 各主题图片的要点

各主题图片尺寸最小为 800px×800px，最大为 1600px×1600px，首选 JPEG格式，这种格式在保证图片质量的同时，大小较为适中，便于加载。

（1）主图：

● **规则要点**：在 Temu 上，主图既可以是简洁的白底图，突出商品本身，也可以是生动的场景图，展示商品的使用场景。主图中的商品应至少占据 85%的画面，确保商品主体突出，让客户能清晰地看到商品全貌，如图 6-2 所示。

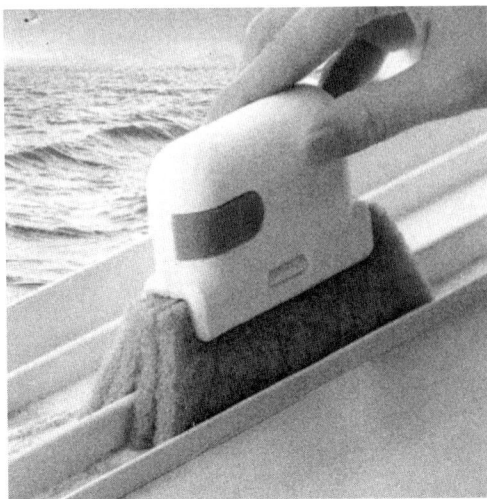

图 6-2

● **优化建议**：卖家在主图中可以使用一些简短的卖点文案、有特点的卖点标识或者多件商品装的数量标识，从而更好地吸引客户的关注。图 6-3 所示为一个智能感应垃圾箱，通过蓝色的感应标识符号及简短的文案，很好地突出了商品的卖点，而图 6-4 所示为 150 件装的手提袋，通过数量标识，也突出了"量大"的卖点。

图 6-3

图 6-4

- **注意事项**：在 Temu 上，严禁乱用其他品牌 logo 或官方标识。像 Temu 自身以及知名品牌如 Disney、Sanrio 的 logo，未经授权使用会有侵权风险。同时，"畅销商品""热卖商品"等官方标识也不能随意使用。

（2）卖点图：

- **核心作用**：卖点图是商品的"实力担当"，卖家需要用直观、易懂的方式，将商品的核心优势、特色功能及与竞品的差异化特点呈现给客户，帮助客户快速捕捉商品的关键信息，从而产生购买兴趣。

- **规则要点**：在 Temu 上，卖点图需要放在商品图片序列中较为靠前的位置，最好在主图之后，从而让客户在对商品产生初步兴趣后，能迅速深入了解商品的独特优势。卖点图的内容需要简洁集中，突出一两个核心卖点，也可以结合实际的使用场景。如图 6-5 所示，客户一眼就可以看出该床笠的卖点是防水。

图 6-5

- **卖点提炼方法**：①同类商品提炼。可以从竞品的图片或标题中找到卖点，或者提炼差异化卖点。②客户评价提炼。从自己商品或者竞品的评价中找到客户经常提到的关键词。③搜索栏提炼。利用 Temu、亚马逊、谷歌及社交媒体的搜索框，输入商品关键词，在推荐的热搜关键词中提炼卖点。

- **注意事项**：在制作卖点图时，提炼的卖点一定要准确有效，一定要符合目标客户的真实需求。如果有多个卖点，则可以依据卖点的重要性和吸引力，从高到低合理安排展示顺序。同时，不要进行虚假宣传，避免客户在发现货不对板后，进行退货和打差评。

（3）功能图：

- **核心作用**：功能图可以帮助客户了解商品的实际用途与价值，还可以进一步凸显商品的独特优势，与竞品形成区分，消除客户货比三家的想法。

- **规则要点：**功能图要突出商品最独特的功能，通过特写、对比等方式将其优势最大化展现。如果需要展示两种及以上功能，也可以放多张功能展示图，确保每个功能都能得到清晰阐释，如图 6-6 所示。在展示时，要保持画面简洁明了，避免信息过多导致客户难以抓取重点。同时，要注重图文搭配，文字说明应简洁准确，辅助图片更好地传达功能信息。

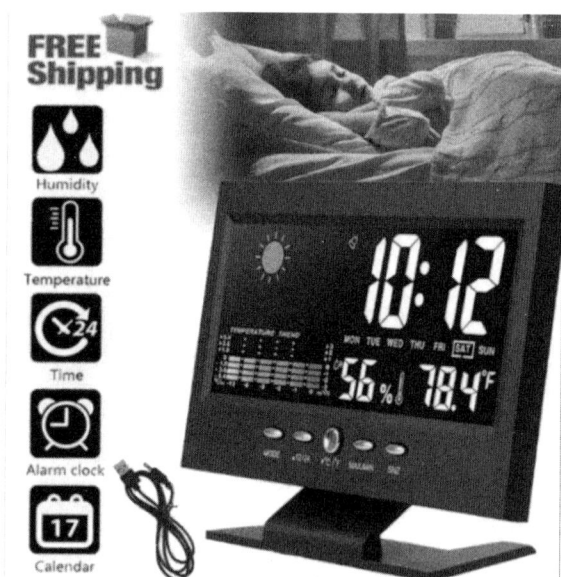

图 6-6

- **注意事项：**功能图要精准把握客户对商品功能的核心关注点，避免展示无关紧要的功能。在采用对比方式时，要确保对比内容是客户关心的，且数据和内容要真实可靠。选择对比对象也要合理，要优先选择同类型的主流竞品，以增强对比的说服力。另外，功能图中不要出现与商品实际功能不符的内容。图 6-7 所示为某款露营拖车的功能图，其在呈现商品功能和卖点的同时，也用清晰的标识表达出了与竞品的区别。

图 6-7

（4）细节图：

- **核心作用**：细节图是展现商品品质与工艺的放大镜，通过聚焦商品的细微之处，如精致的做工、独特的设计元素等，让客户深入了解商品的品质与特色，有效弥补主图和其他图片在细节展示上的不足。同时，通过展示高品质的材料，能够提升商品在客户心中的价值感，让商品在同款中更容易获得青睐。

- **规则要点**：对于复杂的工艺或设计，可采用特写、拆解图等方式进行详细展示，也可以添加一些技术参数及文案。主要展示商品关键部位和容易被忽视但又能体现品质的细节。图 6-8 所示为某款露营拖车，其通过展示细节做工、角度调整的灵活性来更好地建立客户的信任。

- **注意事项**：在制作细节图时，要避免过度修饰或美化，确保图片真实反映商品的实际情况。另外，也要注意避免侵犯知识产权等问题。

图 6-8

（5）使用图：

● **核心作用**：通过直观呈现商品在实际使用过程中的状态和操作方法，让客户能够清楚了解到商品的使用方法，打消客户的担忧，以及减少售后问题。

● **规则要点**：使用图要真实、准确地展示商品的使用过程和场景。对于操作步骤较为复杂的商品，卖家也可以采用多幅图片或多方位的展示形式，按照使用顺序依次展示每个关键步骤，确保客户能够清楚理解商品的操作流程。图 6-9 所示为某多功能闹钟的两组使用图。

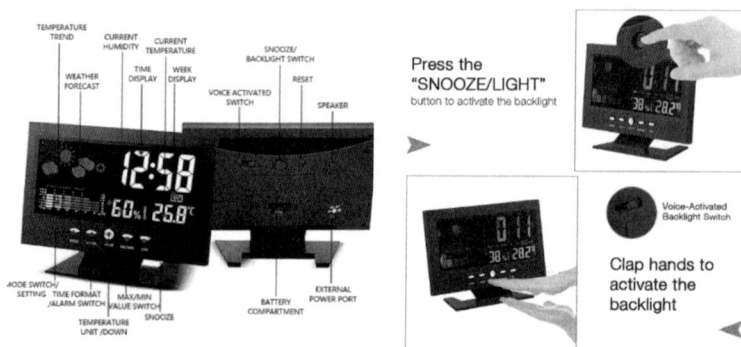

图 6-9

- **注意事项**：卖家也许会在 Temu 上传电子说明书，但是许多客户在购买前不会查看，所以，对于功能性商品，最好还是附带使用图，这一方面能更直观地展示商品功能，另一方面也可以规避因为需求不符而导致的售后问题。

（6）尺寸图：

- **核心作用**：能够帮助客户在购买前更准确地判断商品的实际尺寸，可以避免因尺寸不符导致的退换货问题，特别是一些对尺寸要求较高的商品，如家具、服装、配件等。

- **规则要点**：对于形状规则的商品，要标注长、宽、高或直径等基本尺寸；对于形状不规则的商品，需标注关键部位的尺寸。尺寸的单位要同时有厘米（cm）和英寸（inch）。对于部分商品，除了商品本身的尺寸，包装尺寸也应该一起呈现，以便客户了解整体占用的空间大小。此外，对于对尺寸精准度要求较高的商品，如精密仪器、小型零件等，尺寸误差范围应明确标注，一般来说，越小的商品，尺寸精准度要求越高。

- **注意事项**：在制作尺寸图时，单纯用数字标注尺寸可能让客户难以形成直观的感受，因此，卖家可以将一些客户常见的商品作为参照物，帮助客户更清楚地感受实际大小。但要注意，参照商品不能出现其他品牌的 logo，避免造成侵权。如图 6-10 所示，为了方便客户更直观地了解某款货架的高度，将成年男性作为参照物。

（7）场景图：

- **核心作用**：场景图能够将客户带入预设的实际使用情境中，把客户对于商品的想象转化为具体、直观的视觉呈现，帮助客户更好地理解商品与生活的关联，挖掘潜在需求。

图 6-10

- **规则要点**：场景图要尽可能贴近实际使用场景，真实地还原商品在日常生活、工作或娱乐中的使用状态，从而营造更强的代入感。在场景的营造上，要注意细节。同时，图片要能够突出商品在场景中的主体地位，且不被背景元素所干扰。图 6-11 所示为某款货架在家中摆放的效果。

图 6-11

- **注意事项**：在制作场景图时，要避免使用过于夸张或不切实际的场景，比如比例失调等。场景图中的人物形象和动作应自然、合理，避免给客户带来不适感。此外，如果使用了人物形象或特定的场景素材，就需要确保获得了相应的授权，避免引发侵权纠纷。

（8）包装图：

- **核心作用**：包装图能够帮助客户清楚地知道所购买商品的包装情况，包括包装的样式、规格，以及内含物品等。对于一些包含配件或赠品的商品，包装图可以明确地展示其所包含的物品，增加商品的附加价值。此外，对于具有礼品属性的商品，好的包装图也更容易打动客户。

- **规则要点**：图片要能够让客户看清包装的细节。对于包含多个物品的包装，要通过包装图让客户一目了然，知道包含了哪些商品。若商品有特殊的包装特点或功能，则可以在包装图中适当标注或通过特写镜头展示。同时，要确保包装图中的商品与实际销售的商品一致。

- **注意事项**：要准确展示包装内的物品，不要遗漏重要配件或赠品。一些可能让客户存在疑问的物品，如电饭煲是否配置锅铲、勺子等，应在包装图中明确展示，如图 6-12 所示。此外，包装图的风格应与商品的整体定位和品牌形象保持一致，营造统一的视觉体验。

图 6-12

4．图片的常见问题

卖家都理解图片的重要性，但在实际的运营过程中，常常会出现以下问题，影响图片的效果。

- **主图缺乏吸引力**：主图作为展示商品的第一张图片，一定要能够瞬间抓住客户的眼球。但部分主图由于拍摄角度不对、光线昏暗、构图杂乱等问题，导致商品主体不突出，缺乏视觉冲击力，从而影响了点击率。许多卖家会用 AI 工具作图，但部分 AI 工具生成的图片会有非常明显的 AI 痕迹，卖家在选择 AI 工具时要避免出现此类问题。

- **卖点不突出**：卖家只是展示商品，却没有突出自己的商品与其他商品之间的差别，以及给客户带来的实际好处。

- **场景图缺乏真实感**：场景图的目的是让客户更好地想象商品实际的使用场景，如果卖家选择一些画面不自然或者与商品不匹配的场景，就会让客户无法产生代入感，削弱了场景图应有的作用。

- **文字描述过多**：卖家希望传达给客户过多的信息，而在图片中添加了大量的文字描述。客户在浏览图片时，往往没有耐心阅读大量的文字，且过多的文字也会影响图片本身的美感和阅读体验。卖家要做减法，尽可能只保留最重要、客户最关注的卖点。此外，如果卖家有自己的美工团队，那么可以要求美工更好地用图来呈现卖点，而不是用文字来呈现卖点，以此提高美工在图片上的创造力。例如，一款商品的卖点是轻，那么不用文字怎么表达？可以用羽毛、风等元素来表达"轻"这一卖点。

- **信息不准确**：个别图片存在信息不准确或者虚假宣传的情况，如夸大商品功能、效果，或者展示的并非商品实际图片，而是效果图，这都可能会产生大量的差评和售后问题，影响商品的生命周期并造成利润的损失。

6.2.3　商品打造之三：商品视频

商品视频可以突破图片的静态限制，全方位、多角度地展示商品的外观、细节、功能等信息。同时，卖家还可以通过营造出特定的氛围和场景，激发客户的情感共鸣，而这种情感连接是单纯的文字和图片难以实现的。在 Temu 的搜索页面中，有视频的商品更容易获得客户的点击。

要想让商品视频发挥最佳效果，中小卖家就首先要根据自己的商品类型，确定商品视频的核心目标，其核心类型大致可以分为以下三种。

- **商品展示类视频：**适用于外观设计独特、功能丰富多样或者具有创新性的商品。比如一款新推出的智能穿戴手表，其外观设计融合了时尚与科技的元素，拥有高清显示屏、流畅的线条及多种可更换的表带款式，同时具备健康监测、运动追踪、消息提醒等功能。商品展示类视频能够全方位展示商品的外观细节（如显示屏的清晰度、机身材质的质感），能动态演示各项功能（如怎样通过触摸操作查看健康数据、手机消息智能同步等），以具有视觉冲击力的画面，激发客户的购买兴趣。此类视频重点在于突出商品的独特卖点和优势，通过精美的画面和流畅的展示，给客户留下深刻的第一印象。

- **商品测评类视频：**对于市场竞争激烈、同质化严重的商品，商品测评类视频能帮助客户快速了解商品的实际性能和品质，从而在众多竞品中脱颖而出。以电动牙刷为例，市场上的电动牙刷品牌众多，功能和价格各异，卖家可以通过商品测评类视频，从振动频率、续航能力、清洁效果等多个维度对自家商品进行详细的测评，并与同类商品进行对比。通过实际测试数据和使用体验，来增强客户对卖家商品的信任。

- **教程类视频：**适用于需要组装、使用方法比较复杂，或者需要一定使用技巧的商品。例如，一款多功能的厨房料理机，具备搅拌、榨汁、磨粉、绞肉等多种功能，但操作步骤相对烦琐。教程类视频可以按照功能分类，详细演示每种功能的操作流程，从食材的准备、放入料理机的顺序，到如何选择合适的档位和时间，每一个步骤都向客户清晰地展示。教程类视频既能够减少客户对上手难的担忧，又能在客户购买后，帮助客户轻松使用，减少商品的售后问题。

在拍摄工具方面，对于中小卖家而言，手机就是最便捷的拍摄工具，卖家也可以结合实际需求，配备外接的广角或微距镜头。在拍摄时可以借助三脚架、手机云台来稳定画面，避免拍摄时抖动影响视频效果。若拍摄环境光线较暗，也可以另外配备补光灯。

在拍摄过程中，可以使用俯拍、360 度旋转等创意镜头，以及通过特写来突出商品的材质、特定功能等，增强客户对商品的直观感知。

在视频拍摄好后，中小卖家可以借助剪映、Premiere Pro 等剪辑软件删除多余、重复或拍摄效果不佳的片段，将有用的片段进行拼接，对视频节奏进行调整，适当慢速播放重要的部分，快速播放过渡的部分，避免拖沓，并通过添加简洁明了的字幕来突出商品的关键信息。选择合适的背景音效（但是要注意著作权问题），增强视频的氛围感。可以适当添加转场特效、滤镜等来提升视频的视觉效果，但是注意不要过度使用，商品视频需要尽量保持真实简洁。此外，对于不同风格、不同使用场景、不同消费群体的商品，视频的冷暖色调也应该是有区别的。

如果在商品视频的开头或结尾添加上品牌的 logo，会进一步提升客户的信任感。所以，卖家如果有品牌，那么在商品图片、视频等多个区域都应该尽可能地将品牌 logo 呈现给客户。

6.3　在什么情况下进行商品优化

卖家在运营店铺的过程中，要想保持商品的竞争力，就离不开适时且有效的商品优化，那么，在哪些情况下，卖家需要进行商品优化呢？

- **商品销售不佳**：卖家新上架的商品如果连续两周没有任何销量，就可以对商品的标题、主图适当地做一些优化调整，并观察后续的变化。

- **销售数据异常波动**：这里要注意，在时间维度，不要只关注一两天的销量，特别是全托管模式店铺，商品几乎卖到全球，销量数据有时候会存在滞后性。卖家应该将时间周期拉长。例如，当一款原本销量不错的商品，销量连续 3～5 天下滑时，卖家就需要借助第三方工具看一下同款商品的销量情况，看一看是款式不再流行，还是自己的价格缺乏竞争力。半托管模式卖家可以对商品的曝光量、点击率及转化率进行分析，参考同款商品进行相应的优化调整。

- **收到客户的评价反馈**：有时会有多个客户在评价中提到商品的某个问题，如笔者此前销售的一款铝制咖啡壶，标题中提到"铜色"，商品上线后收到的几条差评都是说不是铜的，还有说材质不安全的。笔者就对标题进行了修改，并在商品图片中新加了商品检测报告，在 Q&A 中也创建了相关的问题答疑。商品后来很少再有相关的差评出现，评分始终保持在 4.8 分以上。

- **平台规则与政策调整**：Temu 会不定期更新规则和政策。这就需要卖家密切关注自己类目对应的买手群信息，及时调整商品信息，确保商品符合平台规范。此外，在商品上架前期，尽量不要直接搬运其他卖家的商品图片，避免因侵权而导致商品下架。

6.4 在什么情况下不必进行商品优化

卖家也不是要时刻都对商品进行优化，有时候一些优化动作反而可能会适得其反，使原本销量不错的商品受到影响。那么，在哪些情况下，卖家要谨慎优化呢？

- **商品数据表现出色时**：如果商品的各项数据都表现得不错，比如销量持续稳步增长，转化率、评分都维持在较高的水平，就意味着商品目前与平台算法、目标客户的需求较为契合，这时，除非卖家有十足的把握，否则不要贸然进行商品优化，特别是不要以自我喜好来评判是否要优化，而是要以数据为优化与否的参考依据。

- **商品上线初期**：在商品刚刚上线时，平台会逐渐给商品匹配客户群体并导入自然流量，卖家不要过于心急，不要对商品进行大量的标题、图片的优化工作，而应该通过参加活动、投放广告等方式，让商品先出现在潜在客户的视野中，在有了一定的数据基础后，再决定是否要进行优化。

- **平台大促阶段**：在"黑色星期五"、圣诞节，或者商品正在参加特定的活动阶段，商品的曝光量和流量处在高峰期，如果在此期间对图文详情进行优化，就可能会因为系统审核等原因，导致商品受到影响，打乱原有的销售计划。

第7章

多维度的 Temu 运营方法与技巧

7.1　Temu的商品流量来源分析及关键策略

Temu 的流量体系大致可以分为两大维度：站内流量和站外流量。

站外流量由 Temu 主导，通过社交媒体、搜索引擎广告、联盟营销等外部渠道投放商品广告并获取流量；站内流量主要来源于客户在 Temu 内部的购买转化，具体可细分为搜索流量、类目流量、推荐流量以及活动流量。

7.1.1　站外流量

站外流量是指由 Temu 利用自有或合作的推广资源，在平台外部吸引客户产生的流量。这部分流量通常通过社交媒体平台、谷歌广告、联盟营销等渠道获得。

Temu 的市场部会对当下热门的、有季节性需求的或高潜力的商品进行推广，将目标客户引导至 Temu 购买商品。

现阶段，除了部分大品牌卖家，站外流量大多只能等买手引入。当卖家的商品被平台选中，并被告知用于市场部推广，需要卖家寄样时，就代表商品有机会获得相应的流量加持。

如果卖家上架的商品在平台内没有同款且销量还不错，就会被平台定义为"新品"。卖家也可以尝试联系买手，主动申请站外推广。当"新品"满足类目条件时，买手主要从申报价、库存深度及商品评分三个维度进行评估。如果评估通过，"新品"就有机会获得平台的站外推广投放。

7.1.2　站内流量

1. 搜索流量

当客户在 Temu 的搜索框中输入关键词后，平台的算法会基于商品标题、SKU 属性、详情页描述等信息，与客户的搜索意图进行匹配，从而将相关商品呈现给客户，如图 7-1 所示。

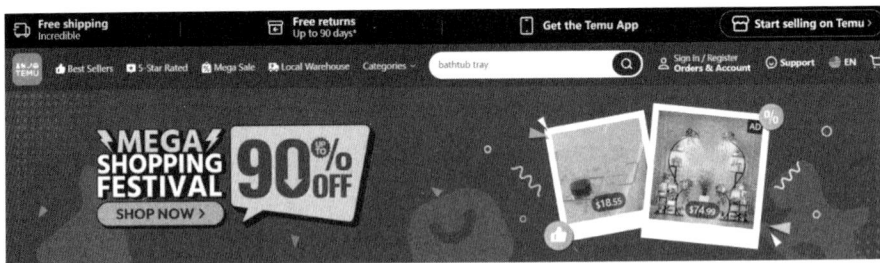

图 7-1

搜索流量的核心是关键词的精准匹配和商品链接的权重。除了关键词本身的匹配程度，申报价、评分、点击率、转化率、销量数据、库存深度等因素也会影响商品在搜索结果中的排名。

笔者建议中小卖家优先使用低竞争强度、高转化潜力的长尾关键词，以避开通用大词的激烈竞争。

虽然长尾关键词的搜索量较小,但是其稳定的市场需求和较低的竞争强度,往往能带来较高的转化率。从图 7-2 中,卖家可以直观地理解什么是长尾关键词。

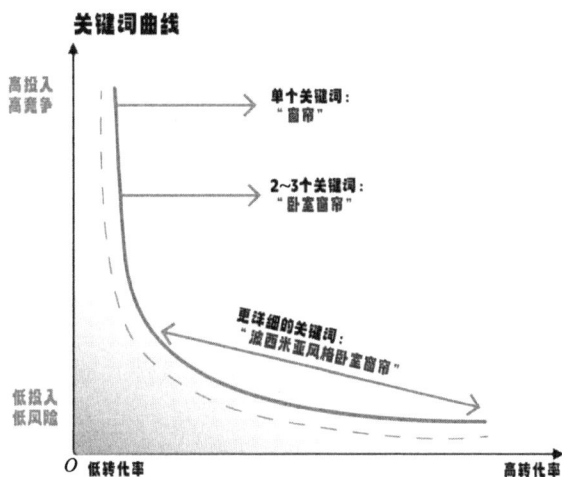

图 7-2

此外,一些商品暂时没有销量,不代表市场中不存在需求,而有可能是以下三个原因导致的。

第一,关键词匹配度不高。卖家可以通过优化标题、图片及详情页描述,观察商品的销售数据变化。

第二,同款商品过多。卖家可以在 Temu 前端查看有多少同款商品,如果同款商品卖得很好,而自己的商品销量很一般,甚至没有销量,那么卖家需要分析自己的商品和竞品之间的差异,并有针对性地进行优化。

第三,前端价格过高。如果前端没有同款,但是有相似款,而且自己的商品与竞品差别不大,特别是不存在功能、审美上的显著差异,那么卖家要么优化自己的商品卖点,突出一些差异化卖点,要么主动调整商品申报价或者参加活动。

2. 类目流量

类目流量是指客户通过 Temu 的类目导航或类目排行榜进入商品详情页所产生的流量，如图 7-3 所示。

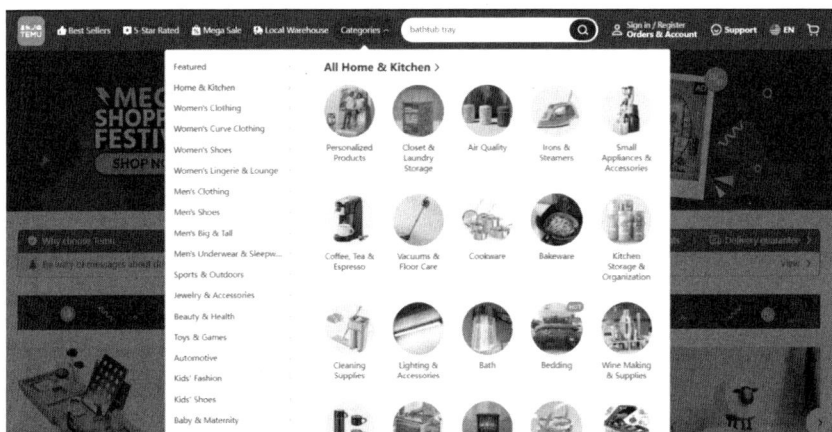

图 7-3

合理的类目选择，能够提升商品在类目中的排名，提高商品曝光的概率。所以在商品上架时，卖家可以基于各类目的市场需求和竞争情况，将商品放在那些市场热度较高、竞争相对适中且与商品存在关联的类目中，从而借助类目流量提高商品的曝光度。

大多数卖家会将商品放在常规思维下的类目中，但对于一些商品来说，可以错类目上传。所谓错类目上传，指的是将商品上传到与它常规所属类目不同，但存在一定关联的类目中。

以一款水晶手链为例，从常规角度来说，大部分卖家会把它放置在一级类目"服装、鞋靴和珠宝饰品"的子类目"女士时尚手链"中。这个类目下的商品主要以外观设计和时尚属性来吸引客户，客户的购买驱动力主要是审美需求。所以，类目商品竞争激烈，想要在款式各异、材质不同的手链中脱颖而出，并非一件容易的事情。

为了降低竞争压力，同时增加商品的附加值和溢价空间，我们不妨尝试着挖掘水晶手链的其他潜在价值。比如，水晶在许多国家或地区的文化中，都有一些精神层面的价值，如紫水晶有助于提高专注力、粉水晶象征着爱情等。

基于此，我们可以将这款水晶手链放在一级类目"健康和家居用品"的子类目"疗愈水晶"中，如图 7-4 所示。

这个类目所面向的消费者不仅是追求时尚美观的人，还包括那些对疗愈水晶功能感兴趣、注重身心健康的客户。

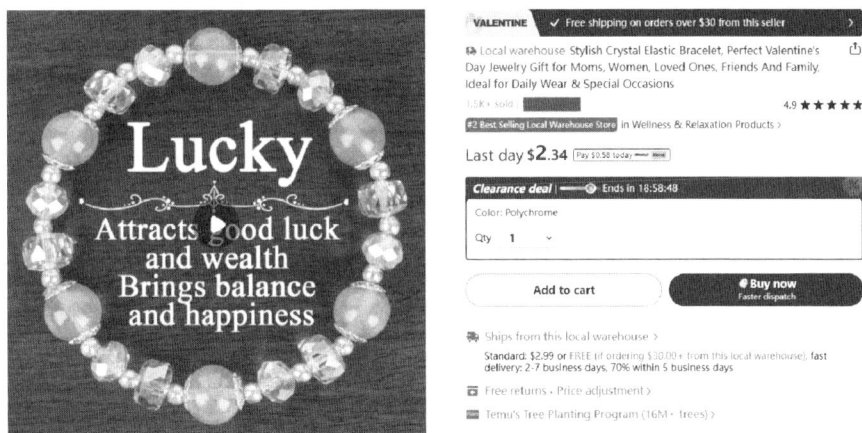

图 7-4

不过，错类目上传商品一定要确保商品的使用场景与所选择类目有关联，包括图片、标题也有关联，否则，不仅会失去平台算法的类目推荐流量，还可能受到平台的警告，甚至导致商品被下架。

3. 推荐流量

推荐流量是指基于客户历史浏览、点击及购买行为，由平台智能推荐算法生成的商品流量。

推荐流量通常会以个性化的方式，将与客户浏览关联或客户可能感兴趣的商品呈现在首页、关联商品区域及专题推荐模块中。图 7-5 所示为浏览某个商品页面时，底部的关联推荐商品。

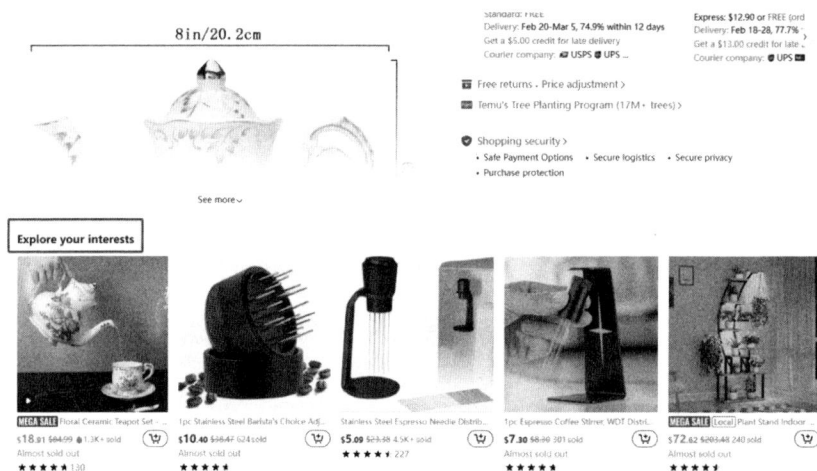

图 7-5

推荐流量不仅能够帮助客户快速发现与自身偏好匹配的商品，还为卖家提供了额外的曝光机会。

对于卖家而言，虽然推荐流量的数据并不直接公开，但是通过持续优化商品信息，如图片的差异化设计、标题的优化以及详情页的"埋词"，都能够增加商品在推荐算法中的权重，提高商品出现在推荐区域的概率。

推荐流量的核心是个性化和动态匹配，这种动态匹配的效果受客户最近的互动行为影响较大。这就需要卖家多浏览 Temu 的客户页面，通过对同类商品的推荐特点进行观察和分析，判断哪些商品能获得更多的曝光，并以此来完善和优化自己的运营策略。

4. 活动流量

活动流量主要来源于平台在前端所设置的各种促销专区和专题活动，卖家通过报名参加 Temu 的各类商品活动，可以增加商品在活动专区的曝光量，并让商品打上明显的主题标识或折扣标识，从而吸引客户在短时间内集中下单。图 7-6 所示为 Temu 的限时秒杀（Lightning deals）活动专区。参加了该活动的商品的前端价格也会变为黄色。

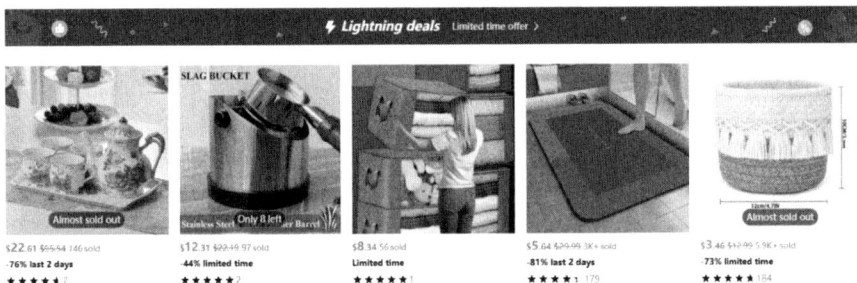

图 7-6

对于卖家而言，商品被选入活动，即可让商品在短期内获得更多的曝光量，特别是对于审美性或季节性的商品，通过参加限时活动或专题活动，更容易获得点击和转化。

一些没有销量或销量不佳的新商品，通过参加活动，除了能够获取一定的订单量，还有可能被系统打上更加精准的客户标签，从而进一步提高搜索与推荐权重，形成流量的良性循环。

不过，在参加活动时，卖家也应综合考虑商品销量、供货周期及利润空间等因素，避免盲目降价或过度备货造成利润损失。

7.2　SKU

7.2.1　什么是 SKU

SKU 即 Stock Keeping Unit，是卖家用来管理商品库存的最小单位，可以理解为每个商品的"身份证"，也常用来指该 SKU 下的商品。当同一款商品有不同属性（比如颜色、尺寸、容量等）时，每一种属性组合都会对应唯一的 SKU

编码，方便卖家精准地管理库存和销售情况。

例如，一款衣服的尺码分为小码、中码、大码，颜色分为粉色、红色、白色，那么卖家可以将尺码和颜色分别进行组合，形成多个 SKU，并将这些 SKU 归属在同一个商品链接中，以便客户选择。

换言之，卖家也可以在商品创建过程中将这些 SKU 分开上传，形成不同的商品链接。

图 7-7 所示为半托管模式店铺的一款商品，能够看到该商品链接有 SPU ID 和 SKC ID，而该商品下每个规格的 SKU，也都有对应的 SKU ID。

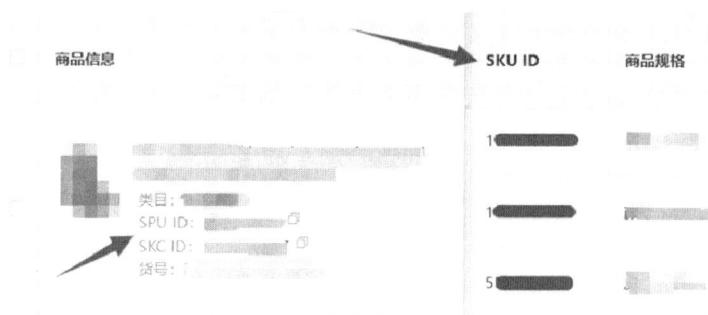

图 7-7

7.2.2　巧用 SKU 占据"资源位"

当一款新上架的商品开始稳定地出单时，如果商品链接中只有一个 SKU，而由于卖家未及时关注、供应商供货延迟、物流运输问题等各种原因未能及时补货，那么一旦商品售罄，就会导致商品链接被平台下线。

商品链接被平台下线，不仅意味着该商品在平台上的销售中断，还可能使原本占据的平台"资源位"被其他卖家抢占，原有的搜索权重与推荐流量也可能因此迅速下降。这也是许多卖家在商品售罄、重新补货上线后，发现销量大不如前的原因之一。

在失去原有的平台"资源位"后，如果卖家想重新获取曝光机会，那么往往需要投入更多的成本，如将商品降价、参加平台的促销活动等，即使做了这些动作，也不一定能恢复之前的流量。

这就需要卖家做好 SKU 管理，实现商品的精细化运营。在单 SKU 的商品链接开始稳定出单时，卖家可以在同一个商品链接下增添不同的 SKU（如不同的颜色、款式、数量组合等）。这样，在一个 SKU 商品售罄时，商品链接依然能够在平台前端呈现。

这样不仅能避免因单个 SKU 商品断货而失去平台"资源位"，还能增加客户的选择，提高商品链接的转化率，从而保持在搜索结果与推荐算法中的优势地位。

7.2.3　核价不及预期是否上架

在实际运营中，许多卖家可能会遇到以下问题。一款黑色皮包按照 30% 的利润核价通过并上架。在上架后，逐渐开始有不错的销量，甚至被打上了热销标识。这时，卖家在该商品链接下新增了同款红色皮包的 SKU，但在核价阶段，红色皮包可能只有 10% 的利润，未达到卖家的心理预期利润率，那么是否要放弃红色皮包的上架？

许多卖家可能会在此时选择放弃，而笔者依然建议卖家让红色皮包上架。原因有 3 个：第一，黑色皮包已经验证了市场需求；第二，红色皮包是有利润的；第三，在红色皮包上架后，除了有防止链接下线、资源位被抢占的作用，还可以起到引流的作用。

无论是全托管模式店铺，还是半托管模式店铺，其 Temu 前端价格都和申报价存在关联逻辑，同一个商品链接下的不同 SKU，在系统前端的价格调整往往也是统一的，基本不会出现高申报价 SKU 的前端价格，低于或持平于低申报价 SKU 的前端价格这种情况，而且在 Temu 前端，在客户点击商品链接前，呈现的价格是商品链接中最低申报价的 SKU 价格。

所以，如果有同款竞品，那么红色皮包上架后，自己的商品链接在价格呈现上往往也会占据优势。

图 7-8 所示为一款商品在搜索页面展示出来的价格，即 16.49 美元。如图 7-9 所示，当我们打开该商品的展示页面时，可以看到 16.94 美元是 "15pcs" SKU 的价格，且 "15pcs" SKU 的销量最好，有热销标识，"24pcs" SKU 的价格为 18.47 美元，"36pcs" SKU 的价格为 28.41 美元，处于售罄状态。

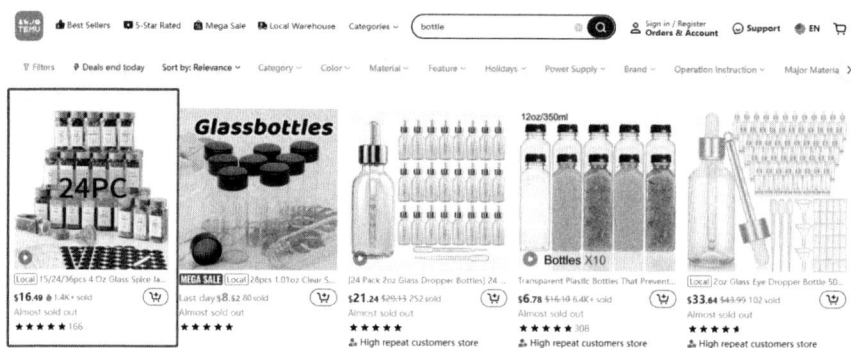

图 7-8

图 7-9

7.2.4　新增 SKU 的注意事项

卖家在同一个商品链接下新增 SKU 时，需要注意以下事项。

（1）新增 SKU 需与原 SKU 的定位吻合，不要随意拼凑，否则会影响商品链接的转化率，甚至被判定为低价引流。

（2）新增 SKU 的定价，不应该与原 SKU 存在较大的逻辑上的差异。例如，一个 SKU 为两个装，申报价为 10 元，另一个 SKU 为四个装，申报价应该略低于 20 元；在一个商品链接下，有四个单品工具，申报价都为 10 元，新增一个四件套的套装组合，套装组合的申报价不应该过低，如只有 15 元或 20 元。

（3）若新增 SKU 和原 SKU 之间在功能或外观上差异过大，则应仔细评估是否有必要放到同一个商品链接中。

7.3　哪些行为会被判定为低价引流

价格策略往往决定了商品的点击率和转化率，但卖家在运营的过程中要注意避免对客户产生误导，一旦被平台识别出在商品链接中故意设置与商品描述不符的低价 SKU、利用误导性标题或图片来获取点击，便被视为低价引流，遭到平台的处罚。

常见的低价引流行为包括以下几种。

第一，标题或主图显示的商品与最低价 SKU 不一致。

如图 7-10 所示，商品标题写的是"60 个"，而实际最低价 SKU 仅为"10个"，两者存在明显的数量差异。

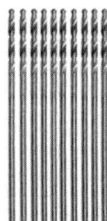

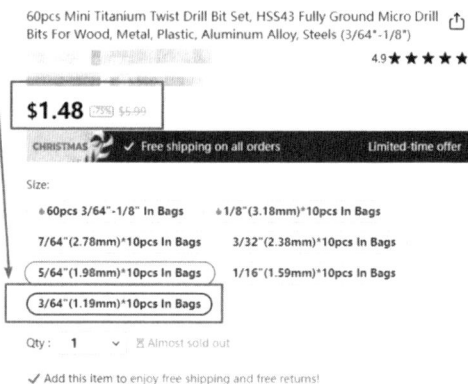

图 7-10

第二，同一个商品链接中的 SKU 品类不一致。

最常见的就是在同一个商品链接中，设置商品主体和主体配件两个 SKU，从而在前端让客户产生误判并进行点击。

例如，如图 7-11 所示的一款电动吸尘器，在主图中呈现的是电动吸尘器主体及配件，最低价 SKU 却是某个单一的配件，从而让前端页面呈现的是单一配件的价格，让客户误以为能以单一配件的价格获得全套吸尘器。

图 7-11

第三，商品属性、规格或款式与最低价 SKU 不匹配。

例如，明明标题中标注的材质为高档真皮，而在同一个商品链接中，最低价 SKU 的材质是普通合成皮，两者在品质和价格上差距明显，客户在点击链接后才发现自己需要的真皮款价格远高于最低价。

如图 7-12 所示，某款真皮女包的价格比其他合成皮的女包的价格高，但销量依然不错。

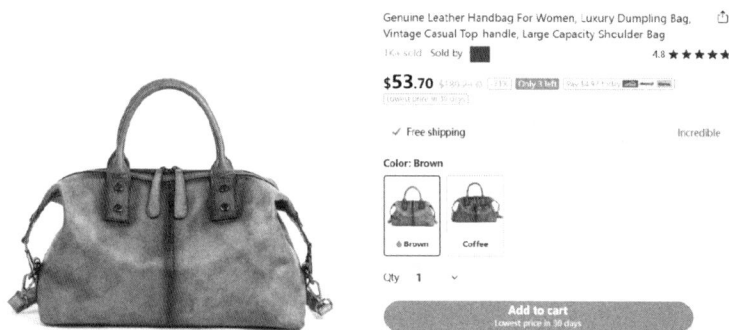

图 7-12

第四，在同一个商品链接中加入明显不存在或不合常理的 SKU。

例如，"拍此不发"等"SKU"，意图让页面前端显示更低价格，却不实际出售商品。

卖家应确保最低价 SKU 与商品标题、图片、描述吻合，真实地反映商品信息，且不要将存在明显差异的商品放在同一个商品链接中，避免因为低价引流而被平台惩处。

7.4　哪些行为会被判定为重复铺货

重复铺货是指同一个卖家在同一个站点发布了实质上相同或高度相似的商品链接，以获取更多流量或占据更多"资源位"的行为。

常见的重复铺货行为包括以下几种。

第一，仅更改标题或主图，便将同款商品重复上架。

图 7-13 所示为同款商品用了不同的拍摄背景。这也是许多卖家经常陷入的误区之一，往往以为利用 PS 工具或 AI 作图工具，对商品的背景进行修改，就能够规避系统重复铺货的判定。笔者想在这里强调的是，无论是核价，还是重复铺货检核，平台识别的一定是商品主体，而非背景图，所以不要抱有侥幸心理。

图 7-13

第二，同款商品使用不同的装饰品、装饰背景等，试图让系统混淆。

如图 7-14 所示，卖家卖的是同款相框，但是相框中的装饰照片不同，分链接上传后，也会被判定为重复铺货。

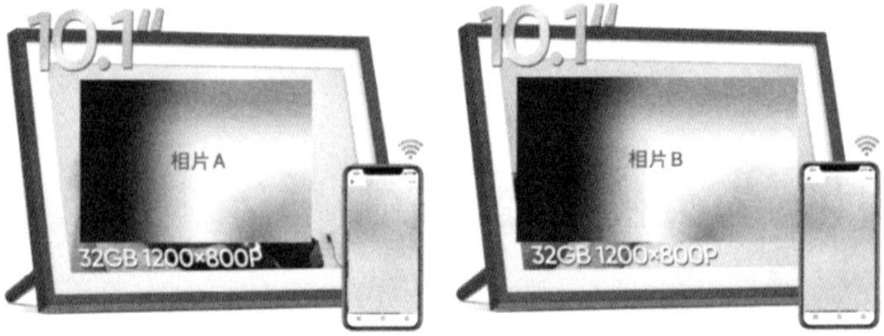

图 7-14

第三，将不同颜色、尺寸或规格的同款商品发布为多个独立链接。

不同颜色的服装类商品可以分别发布，但其他商品不能多链接发布。

比如，两顶材质和印花相同的帽子，只是颜色不同，则需要上传到同一个商品链接中。此外，如一款行李箱，有 20L 和 22L 两种规格，卖家也不能将其分开上传在不同 SKC（Stock Keeping Code，库存保管编码或库存单位分类代码）中，需要上传在同一个 SKC 中。

第四，在同一个商品链接已涵盖全部 SKU 后，另行单独发布其中某个 SKU。

这会使两个商品链接中的 SKU 出现重叠，如图 7-15 所示，这款衣服分为"白色"和"黑色"，以及"S""M""L""XL"等尺码不同的 SKU，卖家如果在同一个店铺另外上传一款新商品，也是这款衣服，但只有"白色"的"L"码，就会与原商品链接出现 SKU 重合，会被判定为重复铺货。

不过，如果是服装类，虽然是同款商品，但该颜色并未在原链接的主图或颜色属性中展示，就不会被判定为重复铺货。

图 7-15

第五，卖家通过同款商品附带不同赠品的方式，进行多链接核价上传。

如图 7-16 所示，对于同款无人机，如果通过赠送不同款式的收纳包作为不同的链接，就会被平台判定为重复铺货。

这是很多工厂型卖家最容易误触的，因为自己可售卖的主体商品数量有限，就会通过赠品组合的方式，把同一个主体商品上传为多个链接。

但商品组合和赠品组合是两种不同的运营方式，平台主要针对卖家的发布形式进行检核，卖家要以商品组合的方式发布，而非赠品组合的方式。

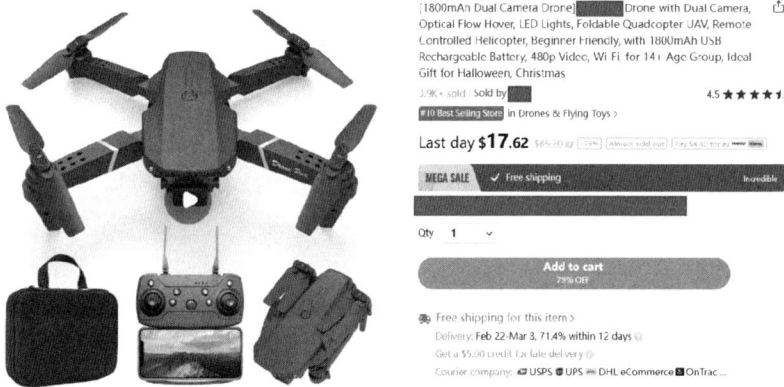

图 7-16

若平台判定存在重复铺货的行为，则通常只保留一条链接，其他链接会被下线处理。

7.5 销量下降的原因及应对策略

在我们的日常运营过程中，销量波动是一种普遍且正常的现象。但一些卖家在某个阶段发现商品销量突然下降，往往容易焦虑，担心店铺被平台限制了流量，或商品的市场需求已经饱和。

如果此时没有系统地进行分析,只靠网上有限的信息或简单的直觉来判断,那么很可能得出片面甚至错误的结论。销量下降往往有多个方面的原因,既可能是外部环境（如政策、行业趋势）变化,也可能是内部运营策略的偏差。

下面主要从平台规则、物流时效、商品特性、评价及评分、定价策略、活动及广告、竞品分析七个方面进行分析,帮助卖家在销量下降时更准确地找到问题并进行解决。

1. 平台规则

Temu 会不断地更新商品规则、活动规则、合规标准等。买手一般都会提前在相应的类目群中发通知,告诉卖家各类变化。卖家要多关注买手和类目群的消息,在政策调整前做出相应的调整与优化,以确保商品符合最新要求并持续获取稳定流量。

同时,卖家也要理解 Temu 规则变化的深层次原因。国内电商和跨境电商一个大的区别,就在于跨境电商需要面对各国政策的波动。

卖家只有跟着平台的趋势走,才能实现收益最大化。

2. 物流时效

全托管模式卖家还要通过 Temu 前端,关注自己的体积较大或重量较重的商品,物流方式的调整也会直接影响销量。

部分商品在上架初期采用空运,但后期可能会被平台调整为海运,导致物流变慢,从而影响转化率。

所以,全托管模式卖家在选品时,应尽量避开体积大、重量重的商品,避免因运输方式调整导致订单量大幅下滑。

3．商品特性

许多商品的销售受季节、节日和流行趋势的影响较大，客户需求会随时间变化而波动。

如果卖家未能在淡季前及时缩减库存或切换至更合适的商品，那么商品在淡季的销售表现势必会下滑。

这就需要卖家对商品是否具有季节性或周期性提前做好分析判断，并在淡季到来前及时缩减库存或切换至其他商品，以保持店铺平稳的销售水平。

4．评价及评分

商品评分过低，可能会导致原本热销的商品直接下架。此外，一些差评也会对商品销量产生负面影响。

所以，卖家需要每日关注评分及新增评价，特别是那些低于五星的评价，并通过评价内容，分析商品的包装、品质、物流等是否存在问题，及时优化。

5．定价策略

商品的申报价会直接影响 Temu 的流量权重，当商品参与竞价时，竞价失败的商品会被平台直接下架。所以，卖家要多关注自己 Temu 后台的竞价和跟价模块。

如果竞品价格明显低于生产成本，那么可能是竞争对手有清货行为，卖家可尝试向平台进行申诉；如果竞品价格基本是出厂价格，卖家没有利润，则应尽快放弃该商品，寻找有利润的商品。

此外，商品的前端价格若明显高于竞品，则需评估是申报价过高还是平台加价，从而有针对性地做一些运营动作。

6．活动及广告

如果卖家之前一直通过平台活动或广告投放获得流量，那么一旦降低了广告预算或暂停参加活动，订单量就可能随之下滑。

有些商品，特别是审美性的商品（如印花服装、手机壳等），是否参加活动对销量的影响往往非常明显。不同类型的活动，对不同品类的商品效果也不相同，卖家需要结合商品特点及活动特点，选择适合商品的活动。关于不同活动的特点，卖家可以参考 8.3 节进行了解。

在广告方面，半托管模式卖家需要定期评估自己的 ACoS（Advertising Cost of Sales，广告销售成本比），确保投入产出比及广告效果。

此外，卖家还需要定期关注竞品的活动报名情况及广告投放情况，以便灵活地调整策略，保持商品竞争力。

7．竞品分析

当爆款商品的销量显著下滑时，卖家可以通过 Temu 前端，观察是否有大量同款商品出现，并分析这些竞品的销量情况。

在 Temu 上，每款商品都有生命周期，随着竞争加剧，利润会逐渐缩小。尤其是热门商品，平台往往会将流量进行分化。

这就需要卖家关注竞品，包括参加活动的情况、优惠券的配置、价格的变化等，并根据商品的销量变化及时调整策略。

半托管模式卖家还可以通过广告投放去争取更多的流量，同时优化商品轮播图和详情页，通过展示差异化卖点提高转化率，确保在激烈的竞争中稳住销量。

卖家需要摒弃主观臆测，通过数据分析+竞品对比+运营优化的方法，找出商品销量下降可能存在的问题，并快速调整运营策略。

7.6 AI+POD模式：差异化创造高利润

POD 模式，即按需打印电商模式，具有个性化、低库存压力和快速响应市场变化的特点。

对于 Temu 卖家而言，通过使用 POD 模式结合 AI 生图技术，既能够实现商品的差异化，避免陷入同质化商品的价格竞争中，也能够对已经热销的商品进行同款元素提取和二次创作，提高新品热销的概率。

对于全托管模式卖家来说，在卖家自己或合作工厂发货时效能够满足平台要求的前提下，建议开通 JIT（预售）。开通了 JIT 后，卖家只需要在客户下单后再生产，就可以避免前期压库存，实际投入只是完成商品图片制作的成本。

义乌和广州有许多采用这种模式运营的工厂和卖家。图 7-17 所示为 Temu 前端的一款 POD 模式的毯子。

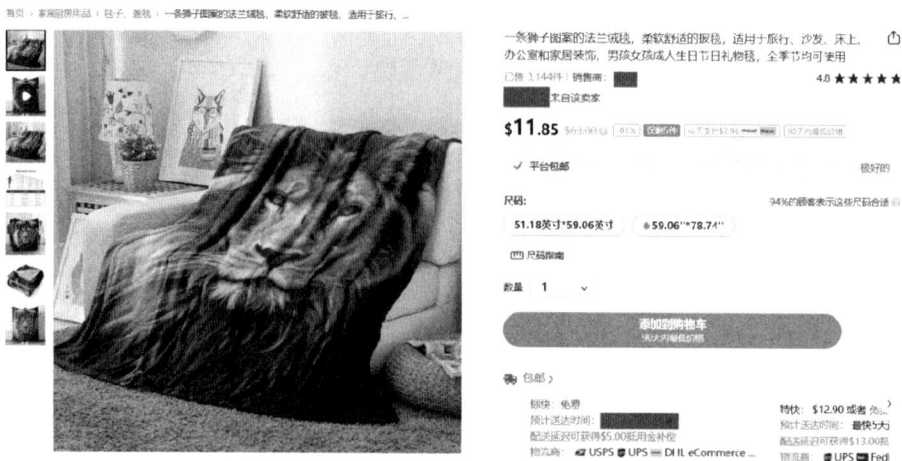

图 7-17

这种运营方法主要适合那些有稳定供应链，并且能够满足 JIT 配送时效要求的卖家。

在替换商品图的过程中，卖家也可以借助 Photoshop 的工作流来提高效率。以毛毯为例，我们已经做好了 5 张 A 图案毛毯的商品图，现在要将 AI 工具生成的 B、C、D、E 等不同图案，批量替换到 A 图案毛毯的固定商品图中，并为每种图案生成对应的文件夹，具体操作步骤如下。

1．创建Photoshop模板

- **打开场景图**：在 Photoshop 中打开其中一张固定场景图。

- **定义替换区域**：使用套索工具或矩形选框工具，选中 A 图案中毛毯的位置。

- **创建智能对象**：点击鼠标右键，在弹出的快捷菜单中选择"通过复制的图层"或"通过剪切的图层"选项以创建新图层。然后，在新图层上点击鼠标右键，在弹出的快捷菜单中选择"转换为智能对象"选项。

- **保存模板**：保存该文件为 PSD 格式，作为模板文件。

2．批量替换图案并生成文件夹

- **编写 Photoshop 脚本**：使用 JavaScript 编写脚本（卖家可以寻找脚本模板或者利用 AI 工具生成脚本），使以下操作实现自动化。

（1）打开模板文件。

（2）替换智能对象中的图案为 B、C、D、E 等不同图案。

（3）为每种图案都创建一个新的文件夹。

（4）将替换后的图像保存到对应的文件夹中。

- **运行脚本**：在 Photoshop 中，依次点击"文件"→"脚本"→"浏览"菜单命令，选择编写好的脚本文件，点击"打开"选项运行脚本。

3. 检查和调整

- **查看生成的图像**：在指定的文件夹中查看生成的图像，确保 AI 工具生成的 B、C、D、E 等毛毯图案已正确替换到场景图中。

- **调整模板**：如果需要对模板进行调整（如修改图案位置或大小），那么可以在模板文件中进行修改，然后重新按照上述步骤进行操作。

在制作完对应的商品图后，卖家就只需要按照 Temu 商品上架步骤完成上架，在有客户下单后，对商品进行生产和发货。

第 8 章

巧用营销工具，做好进攻与防守

8.1 Temu营销工具的作用

对于卖家而言，Temu 卖家中心不同的营销工具解决的是不同的运营问题。卖家需要充分了解每个营销工具的特点，针对不同的商品特性和竞争情况，合理地使用这些工具，从而实现效益的最大化。

比如，在 Temu 刚推出优惠券功能时，笔者就在网上看到有卖家吐槽：虽然设置了优惠券，结果销量还是只有几单。这其实就是错误地理解了优惠券的作用。

Temu 推出优惠券的目的不是帮助卖家增加商品流量，而是解决转化的问题，即商品有大量的点击或加购（添加到购物车），却在转化率上不理想时，卖家通过配置优惠券，就能够促进转化。

当然，优惠券对流量并非没有帮助。商品转化率提高了，平台给商品的自然流量就会逐渐增加，这只是优惠券带来的间接效果，而非直接效果。关于优惠券的具体特点，将在 8.5 节详细讲解和分析。

在接下来的几节内容中，笔者会对部分主要的营销工具进行讲解，但因为平台会不断地更新迭代，推出新的营销工具，所以卖家需要学习对营销工具的分析逻辑。

随着 Temu 的发展变化，原有的营销工具的功能和效果会有一定的变化，这就需要卖家在实际的运营过程中，结合工具效果，做出对应的动态调整。

8.2　Temu活动报名流程

在 Temu 上，无论是全托管模式卖家，还是半托管模式卖家，都可以通过参加活动来快速增加商品的曝光量。

卖家通过 Temu 卖家中心，找到"店铺营销"模块，点击"营销活动"选项，就可以看到平台正在举行的各类活动，如图 8-1 所示。

图 8-1

平台会有一些像清仓甩卖、官方大促、限时秒杀的长期活动，也会有一些专题或者针对特定品类的专场活动。同时，平台会通过站内信和弹窗的方式，向符合活动报名条件的卖家发送活动参加邀请，卖家可以结合自己的商品利润、销售情况来决定是否要报名。

不同的活动对参加活动的价格要求也不同，卖家要对自己的商品利润做好把控。活动给商品带来的更多的是曝光量，卖家也可以通过参加多个活动来进一步增加商品的曝光量。

如果一些商品参加了一些活动，销量依然不理想，卖家就可以尝试将商品价格降低，甚至降到成本价，如果按成本价销售，销量依然没有起色，就代表该商品的需求过于小众，卖家需要将更多的精力放在其他商品上。

8.3　Temu活动

8.3.1　清仓甩卖

清仓甩卖这个名字很容易让一些新卖家产生误会，以为只有库存滞销、需要清货的商品才能报名，其实并非如此。平台更多是以这个名字来吸引客户，并结合一系列的氛围打造，快速实现促单转化。

不过，与平台的其他活动相比，商品参加清仓甩卖，其活动申报价基本也是最低的。大部分品类的商品参加清仓甩卖活动，活动价不高于申报价的 7 折。

清仓甩卖的活动周期是 14 天，活动结束后会有 1 天的冷却期（同一商品参加某项活动后，若想再参加该活动，需要等待一段时间，这段时间就是冷却期）。

图 8-2 所示为清仓甩卖活动在客户使用 Temu 时呈现的位置，在首页有专门的资源位。

图 8-3 所示为商品在参加清仓活动后，平台给商品的氛围装饰。这些氛围装饰，是点击量和加购量还不错的商品参加清仓甩卖后，销量有很大提升的关键。

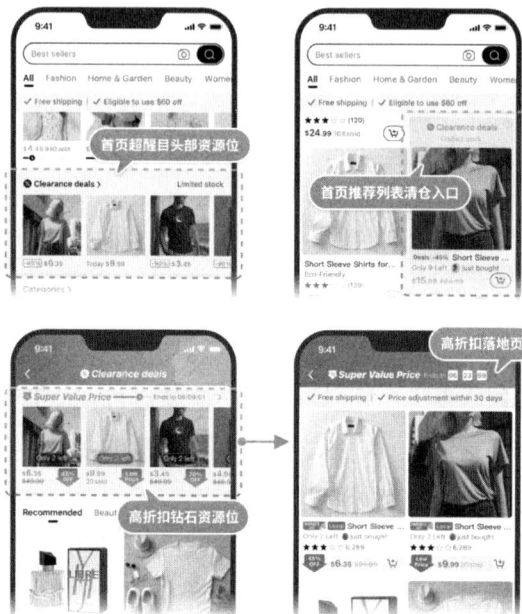

图 8-2

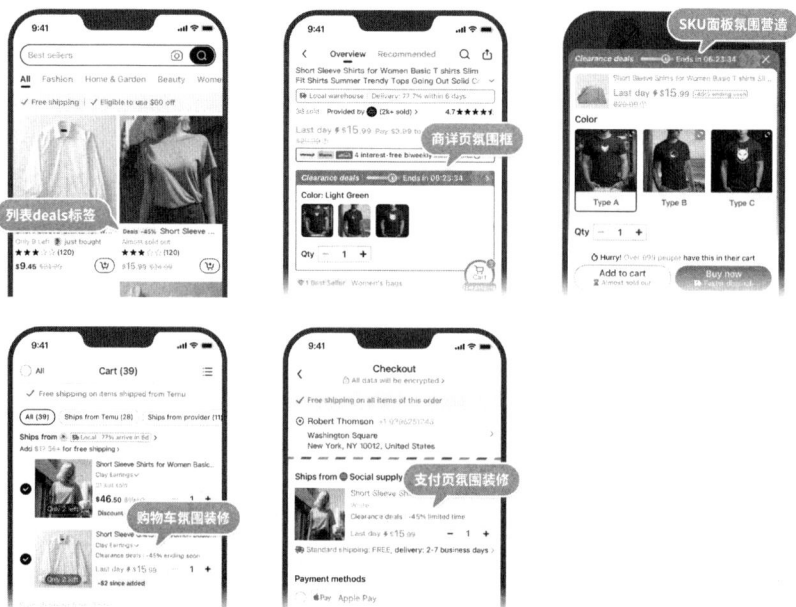

图 8-3

这是因为参加清仓甩卖活动能给商品增加一定的曝光量，且通过清仓甩卖页面进来的客户的消费目的往往很明确，商品只要符合他们的需求，他们就可能会快速下单。除此之外，通过搜索找到该商品的客户，也可能因为这些氛围装饰所营造的紧迫感而快速成交。

这里有一个小的细节，就是在卖家参加清仓甩卖活动时，对应的商品在 Temu 前端的价格文字会变为红色。借助这个特点，我们可以快速判断竞品所参加的活动，有针对性地做出运营动作。

图 8-4 所示为搜索关键词"organization and storage"（收纳和存储）所呈现出来的商品，通过价格文字的颜色，我们能很容易地判断出哪个商品参加了清仓甩卖活动。

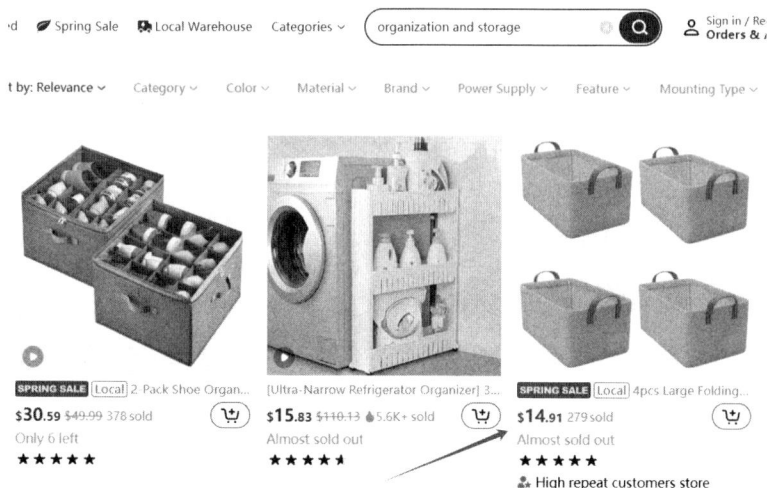

图 8-4

8.3.2　限时秒杀

限时秒杀在 Temu 上的资源位算是最好的，有着限时、限量、低价的特点。在这些特点的刺激下，客户的决策时间会大幅缩短，从而实现快速成交。图 8-5

所示为秒杀活动在 Temu 前端所展现的位置。

商品参加限时秒杀活动,活动价一般不高于申报价的 85 折。在活动过程中,商品会在多个场次中滚动发起（即商品会在不同国家或地区、不同时段的活动专区中进行曝光），在活动结束后，冷却期最短是 1 天，最长是 7 天。

图 8-5

对于参加秒杀活动的商品，在商品详情页和下单页面都会有相应的倒计时来促成客户转化成交，如图 8-6 所示。

图 8-6

在限时秒杀活动中，对应的商品在 Temu 前端的价格文字会变为黄色，并在价格前方带有闪电的小标识。图 8-7 中的商品就是我们搜索"shoe storage"（鞋柜）出现的商品。我们通过其黄色价格及闪电标识，就能很快判断哪个商品参加了限时秒杀活动。卖家同样可以以此特点来推断竞品是否参加了限时秒杀活动。

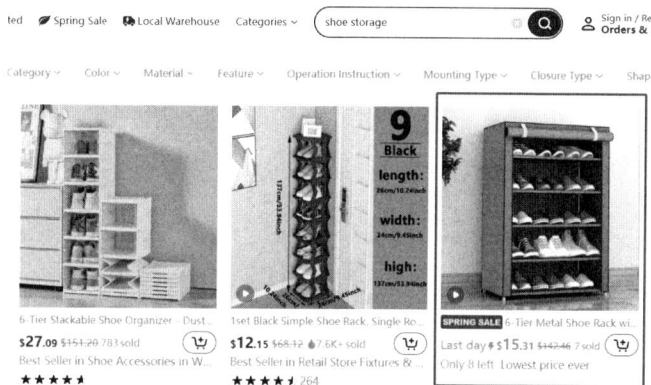

图 8-7

8.3.3　官方大促

官方大促的资源位一般会在首页的 Banner 处，与清仓甩卖和限时秒杀两个长期活动相比，官方大促的转化效果稍弱。

平台会为参加官方大促的商品打上特殊的标识，在商品详情页也会有对应的活动横幅展示。

图 8-8 所示为官方大促的资源位，以及商品的氛围装饰。

图 8-8

商品参加官方大促活动，活动价一般不高于申报价的 9 折。

在图 8-9 中，通过独特的商品标识，我们很容易看出哪个商品参加了官方大促活动。

在实际的运营过程中，得益于其独特的标识，官方大促对提升商品的点击率是有较大帮助的。

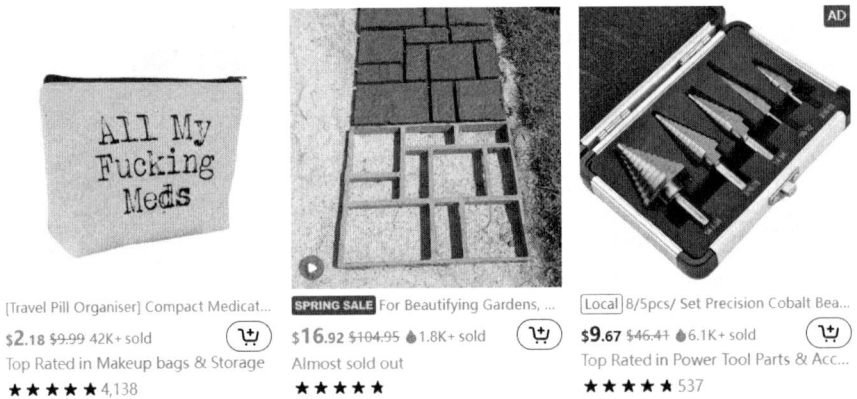

图 8-9

8.3.4　限时活动

限时活动是平台推出的各类专题活动，通常会和特定的时间段、类目和站点有关。其中几乎稳定存在的是"周末 48H 爆款冲刺"和"周末 48H 大折扣专区"，而且这两个活动对商品短期冲量会有不错的效果。

如图 8-10 所示，限时活动一般会在首页有专属的 Banner，但会根据主题、活动规模等有所变化。

限时活动中会有不同的活动主题，每个主题的活动效果都不一样。卖家在参加了部分主题活动后，也会有类似官方大促的独特标识。

图 8-10

8.3.5　商品无法报名参加活动的原因

商品无法报名参加活动的主要原因如下。

（1）店铺不符合活动参加资格，如"售罄健康分"等不达标。

（2）商品库存不满足活动要求。

（3）商品类目不符合活动站点的对应要求。

（4）商品可能已经参加了相关活动。

（5）商品已下架或者未发布到活动的对应站点。

如果商品已报名参加某活动，但商品库存不足或售罄，那么该商品会自动退出活动，在商品报名的对应活动页面会提示"已退出活动"。

8.4　流量增长功能

流量增长功能是 Temu 为全托管模式卖家提升曝光量的工具，简单来说就是"用降价换流量"。卖家可以降低商品的申报价，如将原来申报价为 10 元的商品调整为 8 元，降低了申报价后，平台也会相应地给予额外的流量，从而实现销量增长的目的。

卖家可以进入 Temu 卖家中心的"店铺营销"模块，点击"流量增长"选项，选择想要实现流量增长的商品，进行降价来实现流量加权，如图 8-11 所示。

图 8-11

流量增长的增长时效主要分长期增长和短期增长。卖家选择长期增长，则会获得持续的流量加权，但降低的申报价也将无法恢复。卖家选择短期增长，则流量加权的效果会持续 2 周，到期停止后，价格会恢复为原来的申报价。

要注意的是，如果卖家选择的是短期增长，但是到期后没有主动取消，那么参加的商品就会自动续期。所以，如果卖家发现实际带来的销量增长并不明显，就要记得手动取消。

在笔者看来，流量增长本身其实是卖家通过降低申报价，使得前端的价格相应降低，从而在同款商品中拥有更强的竞争力。所以，如果卖家的商品本身在 Temu 站内并没有同款，而且在相同类型的商品中价格适中或较低，流量增长带来的效果就不会很明显。

8.5 优惠券的用法

Temu 的优惠券是卖家促进转化成交的主要工具之一。在对相应的商品配置优惠券后，客户在浏览商品时，就能够看到并进行领取。图 8-12 所示为优惠券在客户页面所展示的效果。

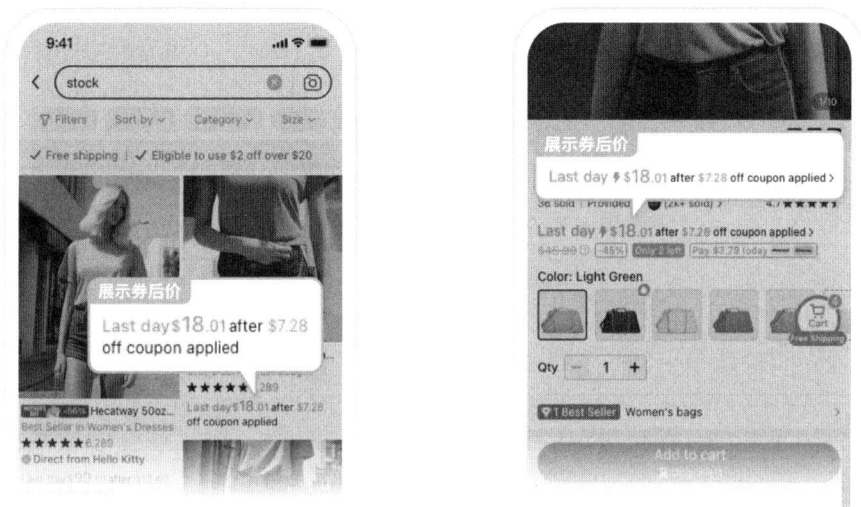

图 8-12

　　卖家进入 Temu 卖家中心的"店铺营销"模块，点击"营销工具"选项，就可以看到优惠券的创建页面，如图 8-13 所示。

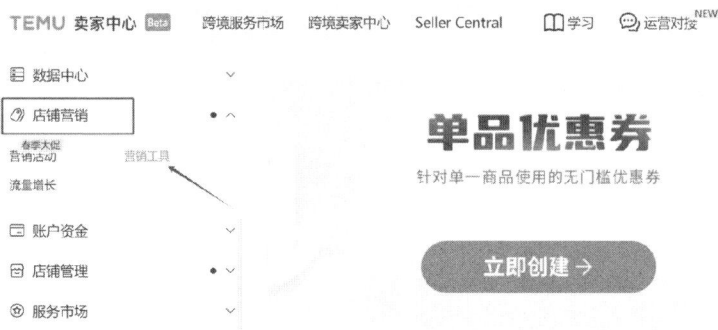

图 8-13

　　优惠券本身对曝光量增加是没有直接帮助的，所以，如果卖的商品基本上没有曝光量和点击量，就不要指望优惠券能够带来销量增加。要想增加商品的曝光量和点击量，就要通过优化标题、主图，以及参加活动、投放广告来实现。

　　Temu 的优惠券主要对以下两种情况有效。

1. 加购量高，销量低

Temu 的优惠券有一项很重要的功能，就是在领券后 24 小时内有效。这个功能其实起到的是催单（催客户下单）的作用。客户愿意把商品加入购物车，并领取优惠券，就证明商品的标题、图文详情能让客户产生购买意愿。在领了优惠券后，Temu 就会不断地提醒客户优惠券即将失效，从而促成转化。

2. 同款竞争资源位

如果我们的商品被跟卖，或者大家卖的都是通货，而且我们和竞品的销量都还不错，优惠券就会有抢占资源位的作用。另外，如果我们的商品销量下滑明显，就要看一看竞品参加了哪些活动、设置了什么优惠券，再进行相应的跟进。

第 9 章

9

Temu 后台工具

许多中小卖家在运营店铺的过程中，会习惯性地找各种付费工具。实际上，在 Temu 卖家中心就有许多免费且实用的工具。利用这些工具，卖家不仅可以节省成本，还能更好地契合平台的运营规则和客户需求。

9.1　商品图片翻译

Temu 后台的商品图片翻译工具，主要用于将商品图片中的文字信息，如商品标题、功能介绍、使用说明、规格参数等，从一种语言翻译成多种目标语言。

图片翻译的源语言支持英语和汉语，可以将它们翻译为包括西班牙语、法语、德语、日语、韩语等在内的多种目标语言。

在 Temu 卖家中心找到"商品管理"模块，并点击"素材编辑工具"选项，即可看到"商品图片翻译"工具，如图 9-1 所示。

不过，卖家要注意以下事项。

（1）上传的商品图片应该具有较高的清晰度，文字部分应清晰可辨，避免出现模糊、变形或被遮挡的情况。低质量的图片可能会导致文字识别错误，从而影响翻译结果的准确性。

图 9-1

（2）尽管 Temu 的商品图片翻译工具在翻译专业术语方面具有一定的能力，但对于一些特定领域的专业词汇或行业特定用语，可能存在翻译不准确的情况。卖家在翻译完成后，应该进行审核和校对，避免出现因此而引发的售后问题。

（3）如果上传的图片本身有黑边、水印等违规情况，那么使用图片翻译工具并不能帮助卖家解决这些问题，图片审核依然会无法通过。

9.2　视频音频翻译与替换助手

视频音频翻译与替换助手主要用于自动识别原视频中的语言，并将其翻译为其他目标语言，目前只支持将汉语翻译为英语。

在 Temu 卖家中心找到"商品管理"模块，并选择"素材编辑工具"选项，即可看到"视频音频翻译与替换助手"工具，如图 9-2 所示。

不过，在实际使用的过程中，这一工具主要适用于没有字幕的视频，只是对原视频进行简单的音频翻译和替换。如果卖家想对视频进行更精细化的处理，那么建议使用剪映等视频处理工具。

图 9-2

9.3　商业化图片生成

优质的商品图片能够吸引客户，提高商品的点击率和转化率。Temu 为卖家提供了人台模拍、智能商拍、局部美化工具等 3 个商业化图片生成和优化的工具。

在 Temu 卖家中心找到"商品管理"模块，并点击"素材编辑工具"选项，即可看到这 3 个工具，如图 9-3 所示。

图 9-3

人台是一种人体模型，人台模拍工具主要适用于服饰类商品。卖家只需要上传人台着装的图片，就可以生成不同风格的模特展示图。人台模拍工具还可以根据卖家需求调整模特的性别、肤色等外观特征，以及选择服装适配的背景风格。图 9-4 所示为人台模拍工具的编辑页面。

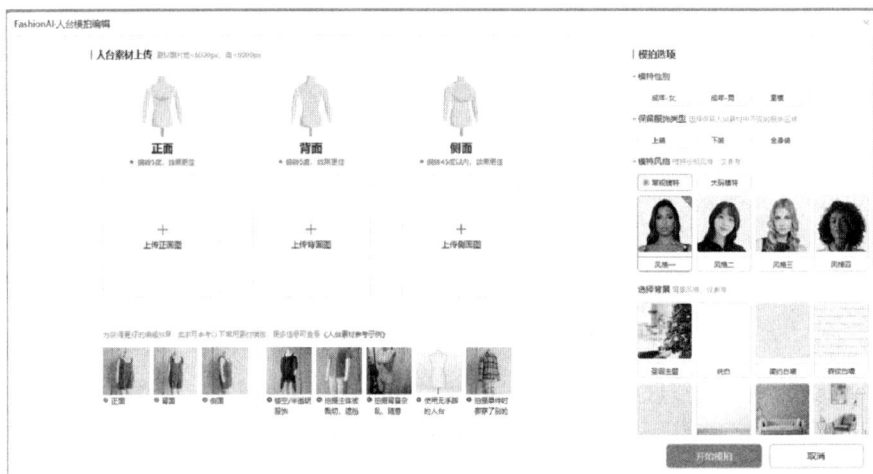

图 9-4

智能商拍工具适用于全类目的商品。卖家可以通过该工具，对要处理的商品图进行模特替换、背景更换等，生成新的商拍图片，如图 9-5 所示。

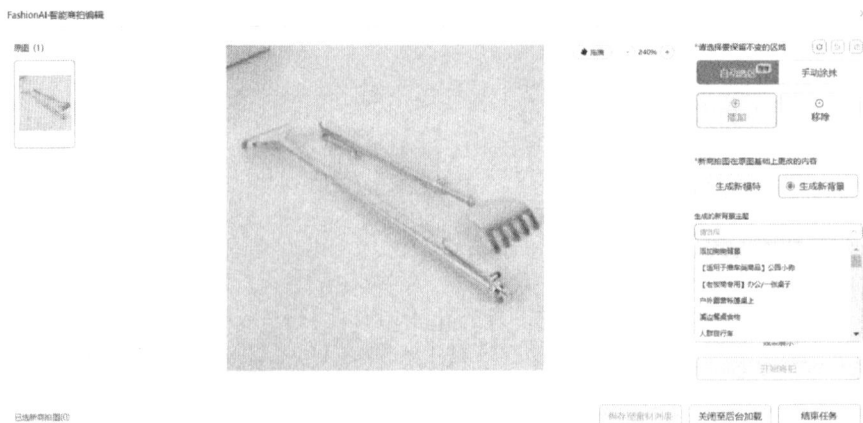

图 9-5

局部美化工具主要对商品图片进行局部精细化处理和美化，如替换背景、调整锐化程度等。卖家可以通过对商品细节的调整，提高商品的清晰度和质感。图 9-6 所示为局部美化工具编辑页面。

图 9-6

Temu 后台的图片处理工具虽然功能强大且免费，但是在服务对象上更偏向于服装类目的卖家。图片处理工具对服装类商品的处理效果较好，但对其他类目的商品而言，会出现细节处理不到位的问题。

目前，许多 EPR（Enterprise Resource Planning，企业资源规划）工具自带图片处理功能，如果卖家的需求更多而且追求效率，那么可以使用美图、LinkFox 等付费 AI 作图工具。

9.4　商机探测器

商机探测器是平台免费提供给卖家，用于分析客户历史搜索词、市场信息（细分市场视图）及同款商品信息（商品视图）的工具，可以帮助卖家挖掘平台未能满足的客户需求。

卖家可以结合 4.11.1 节和 4.11.2 节中所提到的选品思路来使用商机探测器。

同时，与第三方工具相比，商机探测器的数据来源于 Temu 官方平台，所以更加准确，几乎没有滞后性。

卖家通过"Seller Central"后台，找到"数据中心"模块，进入"市场分析"页面，即可看到"商机探测器"，如图 9-7 所示。

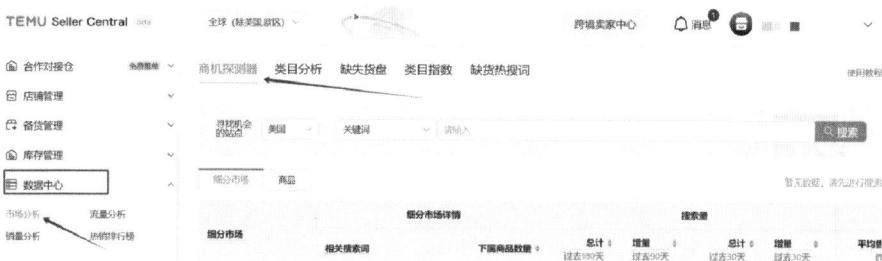

图 9-7

9.4.1 Goods ID

Goods ID 是 Temu 平台为每个商品分配的唯一标识符，用于系统内部管理、商品关联和数据交互。其英文全称为 Goods Identification Number，即商品识别号，但在 Temu 卖家后台或第三方工具中，它可能有不同的呈现方式，例如 SKU ID 或商品编码。

卖家要想获取商品的 Goods ID，只需要打开 Temu 前端的商品详情页，并在该商品的链接中找到".html"前的 15 位数字，这串数字就是该商品的 Goods ID，如图 9-8 所示。

在使用商机探测器时，准确的 Goods ID 能让卖家获取特定商品的精准市场信息和同款商品数据。例如，卖家输入自家店铺中一款畅销服装的 Goods ID，就可以查看该服装搜索流量来源中，历史搜索量 Top100 的细分市场信息，借此了解到客户是通过哪些搜索词找到这款服装的，进而优化商品标题和关键词设置，增加搜索曝光量。同时，卖家还能查看该商品及搜索点击量 Top100 的同款商品信息，分析竞争对手的优势与不足，为自己商品的优化提供参考。

图 9-8

不过，在使用 Goods ID 进行搜索时，以下情况可能会导致卖家搜索不出数据。

（1）Goods ID 输入错误。

（2）卖家的商品在当前 Goods ID 所属的二级类目无销量。

（3）Goods ID 对应的商品已下架。

（4）Goods ID 未在卖家所选的站点上架。

（5）Goods ID 搜索次数超出当日限制。

9.4.2　搜索细分市场

在商机探测器中，搜索细分市场功能可以帮助卖家精准定位哪个细分市场更具热度和潜力。卖家在选好对应的站点后，可以在搜索栏中通过关键词、商品 Goods ID 和类目三种方式进行搜索。

1. 按关键词搜索

如图 9-9 所示，卖家选择"关键词"后，在搜索栏中输入一个与商品相关的关键词，例如"organizer"（收纳），系统便会展示包含该关键词的历史搜索量 Top100 的细分市场信息。其中可能涵盖"organizer drawer"（抽屉收纳）、"organizer desk"（桌面收纳）等细分市场，卖家可以参考这些数据，判断哪些细分领域的搜索热度高、市场需求大但竞争较缓和，从而有针对性地选品。

图 9-9

2．按商品Goods ID搜索

如图 9-10 所示，卖家选择"商品 Goods ID"后，在搜索栏中输入单个商品的 Goods ID，就可以查看该商品搜索流量来源中，历史搜索量 Top100 的细分市场的具体数据。

图 9-10

卖家可以利用这一功能，分析自己店铺内的商品，并进行更加精细化的运营优化。例如，对于一款智能音箱，卖家通过此功能发现大部分搜索流量来自"蓝牙智能音箱""语音控制智能音箱"等细分市场，就能以此有针对性地优化商品标题和描述，突出蓝牙、语音控制等关键卖点，从而吸引更多精准流量。

但要注意的是，该 Goods ID 的二级类目应属于店铺过去 30 天有销量的二级类目，否则会无法查询到。

3. 按类目搜索

如图 9-11 所示，卖家选择"类目"后，在搜索栏中可以选择店铺过去 30
天有销量的二级类目，或者深入其下的三级、四级类目进行搜索。例如，卖家
选择"日常办公用品"下的"办公桌面用品"类目，就能查看该类目下历史搜
索量 Top100 的细分市场信息，像"文件盒""抽屉收纳"等细分市场的数据都会
呈现出来，卖家可以深入分析不同细分市场的潜力，从而更好地进行店铺商品
布局。

图 9-11

9.4.3　搜索商品

在商机探测器中，搜索商品功能可以帮助卖家全面了解商品的市场表现和
竞争情况。与搜索细分市场功能一样，搜索商品功能也有关键词、商品 Goods ID
和类目三种搜索方式。

1. 按关键词搜索

卖家在搜索栏中输入关键词（如"运动鞋"），可以查看店铺过去 30 天内有
销量的二级类目下，搜索点击量 Top100 的商品信息，如图 9-12 所示。

这能让卖家直观地了解到在"运动鞋"这个关键词下，市场上哪些商品的
搜索点击量高，它们的款式、品牌、价格区间等情况如何。通过分析这些数据，
卖家可以借鉴这些销量高的商品的特点来优化自己的选品方向，或者寻找空白
市场，推出更有竞争力的商品。

图 9-12

2. 按商品Goods ID搜索

输入单个商品的 Goods ID，卖家不仅能查看该商品自身的信息，还能获取搜索点击量 Top100 的同款商品的信息，如图 9-13 所示。

图 9-13

例如，输入一款热门运动鞋的 Goods ID，就能看到市场上同款或相似款运动鞋的情况。这可以帮助卖家分析自己的商品在竞争中的优势与不足，从而有针对性地进行优化，如优化主图、调整价格等，提升自己店铺的竞争力。

要使用该功能，被搜索商品同样需要属于店铺过去 30 天有销量的二级类目。

3. 按类目搜索

卖家选择"类目"后，在搜索栏中，选择店铺过去30 天有销量的二级类目，或者其下的各级细分类目，就可以查看该类目下搜索点击量 Top100 的商品信息，如图 9-14 所示。

以"女装"类目下的"女装连衣裙"为例，卖家通过此功能能了解到不同风格、材质、价格的连衣裙在市场上的搜索点击量表现，全面掌握该类目下商品的市场表现情况，为店铺的选品、定价和制定运营策略提供参考依据。

图 9-14

第 10 章

Temu 的底层机制

10.1　Temu的五级流量机制

Temu 采用了一套五级流量机制，依据商品在上款数量、图片质量、库存等方面的不同表现，将商品划分为不同的优先级，给予差异化的流量扶持。

- **最高优先级**：在上款数量方面，要求达到 100 款以上，图片需要卖家实拍且无侵权风险，同时要上传商品视频。在库存要求方面，80%的款式需大于 20 件，核心爆款要求单款大于 200 件，并且要能及时补货，随时应对突发状况。对于满足相应条件的店铺和商品，Temu 将优先对接站内、站外资源，并在不同的流量入口都给予流量倾斜，从搜索结果页面到各类促销活动页面，都能给予显著的展示位置。

- **第二优先级**：在上款数量方面，与最高优先级相同，要求达到 100 款以上。对于图片，不要求全部为实拍图，部分为实拍图即可。但是，对于那些非实拍图，也需要保证清晰度、美观度，以及合规性。库存要求 80%的款式数量大于 20 件。核心爆款要求单款大于 200 件，并且也要具备及时补货的能力。对于满足相应条件的有实拍图的商品，

Temu 会在不同资源入口进行推广资源分配。

- **第三优先级**：上款数量为 50 款以上、100 款以下，主要靠卖家自己参加活动或投放站内广告，不过，如果有部分款式有实拍图且库存充足，也有机会获得一定的站外推广资源。

- **第四优先级**：上款数量为 50 款以下，部分款库存充足，部分款库存低于 20 件但能够及时补货。Temu 会对库存充足的款式给予一定的流量扶持，但其他款将暂时不会给予额外的流量。

- **第五优先级**：上款数量为 50 款以下，基本每款库存都在 20 件以下，且无法及时补货。在库存无法保证的情况下，即使平台给予了流量扶持，也可能因为商品缺货而无法实现销售转化，反而浪费了相关的资源位。所以，只有当部分商品能够补充一定库存后，Temu 才会进一步给予流量扶持。即使每款商品的首批备货少于 20 件也没关系，但后续补货一定要及时。

抛开 Temu 的五级流量机制不谈，对于新卖家而言，多上款本身就能提高销量增长的概率，但需要做好现金流的管理。

对于销量好的商品，卖家不要完全按照最大备货量备货，这是笔者反复强调的，应该以不断货为原则，做好库存管理，从而避免单次备货过多却因为某些特殊情况导致商品滞销。

10.2　全托管模式和半托管模式的核价逻辑

Temu 在发展初期，是通过核价师进行核价的，如今基本上由 AI 工具直接完成核价。所以，这也是在 6.1 节中，笔者为什么强调要有"算法思维"。很多卖家总是会刻意追求高核价，但是核价并不是关键，关键是商品能不能卖出去。

对全托管模式卖家尤其是新卖家而言，运营的第一关可能就是核价，但换个角度来说，平台内已经有大量的同款商品，甚至对方的申报价都低于你的拿货价，一味想绕过平台的核价完成上架，最终上架后没有销量，又有什么意义呢？站在这个角度来思考，Temu 的核价机制对新人又何尝不是一种保护机制呢？

在全托管模式中，核价机制主要对标全网最低价。如果 Temu 站内有同款商品，则按同款商品中最低申报价的 85 折到 99 折来计价；如果 Temu 站内没有同款商品，就按国内拼多多同款商品的 9 折计价，对 1688 的同款商品按原价计价。不过，随着 Temu 的核价机制越来越完善，除了借助"以图识图"功能，也会参考卖家商品的标题、属性、SKU 等信息进行综合评定。

笔者在实际运营中发现，如果申报的商品属于站内热销类目，其在站内无同款，且属于站内供需比较低的长尾商品，平台就不会按照前述的逻辑核价，核价会比较容易通过且核出较高的价格。

在半托管模式中，因为卖家需要自行处理海外仓储物流等环节，所以在定价方面比全托管模式会有更高的灵活性。卖家可以直接上传商品，通过平台 AI 工具完成核价，在这种情况下，核价主要会参考海外平台同款商品最低价的 85 折或 9 折。卖家也可以通过提供商品在其他平台的在售链接，与平台协商价格，这也是全托管模式所不具备的优势。

10.3　如何推算竞品的申报价

在计算全托管模式商品的前端价格时，平台算法会根据商品的重量、体积，结合其发往目标销售国家或地区的配送方式，推算头程运输费用与尾程运输费用，并加上卖家的申报价乘以汇率，构成平台的商品成本，以此再乘以相应的加价系数。即：**全托管模式商品前端价格=（卖家申报价×汇率+头程运输费用+尾程运输费用）×加价系数**。

除此以外，这里所提到的全托管模式的"加价系数"，也会随着同款商品的竞争情况、平台的运营策略等，进行动态的调整变化。

　　在商品的申报价与前端价格之间，Temu 一定有一套算法，但是这套算法是动态的，卖家想只凭借竞品的前端价格，借助一个简单且固定的公式，就能推算出竞品的申报价，是不太可能实现的。比如，网上广为流传的公式是：竞品申报价=前端价格×汇率÷2.2-1，用这个公式反推低客单价的商品，一些卖家可能会发现与申报价相差不过几元。但是，这几元对于低客单价的商品而言，可能就是 20%～40%的利润，是竞价的关键。

　　虽然使用这样的公式推算并不准确，但是如果卖家销售的是垂直类商品，且重量、体积、价格与竞品差距不大，为了推算出竞品大概的申报价，则可以基于对自己商品类目的了解，预估大概的头程（空运/海运）、尾程运输费用（Temu 成本会比我们的更低），推算大概的加价系数，以此来反推。

　　对于半托管模式的商品，因为平台并不负责运输和仓储，所以卖家可以直接结合自己的类目，推测大概的加价系数，用前端价格除以加价系数即可。当然，这种方式只适合快速推算，考虑到平台会对加价系数做动态调整，卖家可主要按照自己的商品成本价，加上头程、尾程运输费用，评估是否有利可图。

10.4　Temu有没有店铺权重

　　Temu 本身就是"弱店铺化"的，这样能够提高平台与客户之间的黏性。

　　如果卖家使用过国内的拼多多，仔细看一下 Temu 的客户端，就会发现其实二者有很多共性，拼多多也是"强平台、弱店铺"的模式。

　　平台的推流更偏向于链接权重，而非店铺权重。只有对于部分 KA（Key Account，关键账户）卖家或者品牌卖家，平台才会通过其店铺的上款量，评估其在 Temu 上的稳定性，从而在推广 Temu 的同时，以相应的商品来做站外投流，具体可参考 10.1 节。

对大部分中小卖家而言，特别是在新店铺阶段，不要将精力耗费在所谓的提高店铺权重上，而是应该保持稳定上架新款，并做好每一个链接的运营。

在运营店铺一段时间后，卖家可以将店铺权重理解为"品牌权重"。这里的"品牌"，不只是卖家所拥有的商标，店铺名称本身也可以理解为卖家的"品牌"。在商品品质不错的情况下，店铺积累了一定的粉丝量，除了平台的自然流量，老客户也会进行复购，从而形成正向反馈。

还有一种特殊的情况，就是卖家如果进行了违规操作，比如资质造假、"跑水单"等情况，平台就会对店铺进行处罚，店铺中每个商品链接都会受到一定的影响或限制。

所以，新卖家在正常运营的情况下，是不需要考虑店铺权重的，应该把精力重点放在每个商品链接权重的提高上。

10.5　如何提高链接权重

在此前的内容中，笔者从选品、运营到商品打造，都进行了详细的讲解，这些都是提高链接权重的重要基础。

很多人会将"链接权重"这个词"魔幻化"。对于同款商品，如果自己的销量高，其他人的销量不高，就归因于自己的商品的链接权重高；如果自己的销量不高，其他人的销量高，就归因于自己的商品的链接权重低。

不可否认，平台的系统算法确实有随机性，但如果我们总是将商品销量的高低归因于链接权重的高低，显然对我们的运营是没有任何帮助的。我们要做的就是把每一个环节拆分出来，并逐一完善优化。这一系列运营动作其实就是链接权重的提高。正如我们在第 6 章中所讲到的，任何商品都要经历"两道关"，第一道是算法，第二道是客户。

如表 10-1 所示，笔者梳理了商品运营各个阶段的主要注意事项。卖家可以对照这张表，结合本书其他章节的相关内容，构建属于自己的运营 SOP。

表 10-1

阶段		关键点	注意事项	备注
第一阶段	上品	标题	数量词 核心关键词 泛流量词 属性词 功能词 修饰词 场景词	Temu 平台的字符数在 250 个以内，标题会直接影响商品的点击率，以及售后问题率，所以要尽可能做好充分的关键词预埋，并规避可能让消费者误解的关键词
		图片	场景图 卖点图 尺寸图 功能图 对比图 细节图 材料图	图片会直接影响 Temu 的核价，图片中的商品，要尽可能还原商品本身的真实性，避免过度渲染导致的"图片与实物不符"。此外，图片中的信息也要注意合规，避免出现敏感词或敏感元素
		SKU	先上传单一款	新品上架时，尽量先只上传一个 SKU，有销量后进行补货时，再新增 SKU，从而减少前期平台对商品链接推流、转化的影响。后期通过新增 SKU，可以稳定链接资源位，并影响 Temu 前端的展示价
		资质	商品需要资质 尽量多上传几款同品类的	如果只上传一款商品，很可能会出现系统误判。对于部分商品，平台没有识别出其需要相关资质，但在后续的售卖过程中，很可能会出现需要补相关资质的情况

阶段		关键点	注意事项	备注
第二阶段	新品期	售价	—	Temu 前端的售价是平台动态调整的，如果售价偏高但还是有不错的销量，就代表需求大，不用过分担心，对高利润商品，可以搭配优惠券来促进转化
		跟价	结合销量变化和跟价类型做判断	新上架的商品，尽量先自然"跑"完前 7 天，有些商品并非没有需求，只是平台还在匹配客户画像和逐渐推流。若商品在跟价，就需要关注竞品的前端价格以及销售情况，再做出有针对性的判断
第三阶段	推流期	售价	同款触发跟价相似款影响转化	高核价取决于商品本身，如果产品本身在前端已经近乎泛滥，就算核高价格，也不会有什么销量。半托管模式下，卖家可以先降价再参加活动
		视频	提高链接竞争权重减少售后问题	视频应当突出产品的卖点
		属性	越完整，权重越高	—
		备货	全托管模式关注加购量和销量比例比例正常则加深库存深度	承接流量的方法：主动申请备货单，或者开通 JIT，从而避免断货
			大量货物入库无销量时看前端（价格、竞品）	大量货物入库后，前端的价格可能突然调高，这是平台算法决定的，平台会根据点击、加购、转化等数据，对前端的价格进行动态调整，不要着急，可以先观察两三天，等待恢复
			找买手，申请备货单	对于部分发货没那么快的地区，卖家可以通过填写反馈问卷，找买手协助申请备货单
		扩容	S 级扩容加入发货台再扩容	新品上架后，等前 7 天的自然流量"跑"完（减少对平台算法的干预），就可以自己申请创建备货单，从而减少断供的影响

续表

阶段	关键点	注意事项	备注
第三阶段	推流期	流量分发机制 （基础流量+实时流量）	影响流量的因素： ①品牌 ②价格 ③标题 ④商品详情 ⑤资质
		推荐标签 （千人千面）	转化率高：加大推流 转化率低：减少推流
		活动不同 折扣不同 效果不同	做好对商品销量的观察，如果销量较高的商品销量开始持续下滑，就可以对竞品进行分析，并参加活动或降价，从而重新稳固链接，实现销量回升
		控制好 ROAS	目标 ROAS=商品申报价÷愿意支付的广告费
		定向	中小卖家可忽略

（活动流量行、广告流量行、站外流量行对应关键点：活动流量、广告流量、站外流量）

10.6 Temu前端价格波动逻辑

很多卖家经常会说，我的商品前端价格怎么一直在变动？如果卖家刚好参加了活动或者设置了优惠券，那么可能还会将原因归结为参加了活动或设置了优惠券。

笔者认为，Temu 前端价格和卖家的申报价之间存在着算法关联，我们可以把动态的变化理解为加价系数的变化。

该系数并非固定不变的，而是平台基于多种动态因素综合计算得出的。例如市场竞争情况，当竞品在平台上的申报价较低时，我们的商品可能已经卖了很久，有较高的链接权重，平台为了实现平台效益的最大化，保持其他同类商品的竞争力，可能会提高我们的商品的加价系数，使其前端价格上升。此外，客户的购买行为数据、反馈等，也会影响加价系数，从而在同款商品中，对效益产出最大、质量最好的商品给予尽可能多的流量。

这种前端价格的动态变化，本质上也是一种螺旋销售策略。这也有些像亚马逊等自运营平台的运营逻辑，只是平台在算法中植入了这一逻辑。以亚马逊的运营逻辑为例，卖家通常会先降低商品价格，吸引更多的客户购买，从而提升销量和链接权重。当销量达到一定程度时，商品有了相应的竞争力，卖家再进行价格调整，寻求销量和利润之间的平衡，实现利益最大化。

在 Temu 上，平台通过动态调整前端价格，不断地刺激市场需求，引导客户购买，寻求利益最大化。当商品以较低价格吸引到大量客户，销量提升后，平台会根据销售数据和市场反馈适当地提高价格。如果价格提高后销量未受明显影响，平台就会维持该价格甚至进一步提高价格；如果销量出现下滑，平台就会调低价格。通过这样的循环，可以取得销量和利润之间的平衡。

表 10-2 所示为笔者制作的一个理论模型，反映了在申报价恒定的情况下，平台售价、商品日销量与日利润之间的关系。

表 10-2

商品状态	申报价/元	平台售价/元	日销量/件	日利润/元	平台目的
新品上线	10	8	10	-20	测款（评估市场需求）
第二阶段	10	20	2	20	看客户买不买账
第三阶段	10	12	10	20	链接权重倾斜
第四阶段	10	15	8	40	利润最大化

此外，平台的整体运营策略会对前端价格波动产生影响。比如，在特定的促销季或为了推广某些新兴品类，平台可能会统一调整相关商品的加价系数，以营造促销氛围或培育市场。

Temu 前端价格波动是一个复杂且动态化的过程，涉及平台算法、市场竞争、客户行为及平台运营策略等。卖家要通过对数据的分析，做出相应的运营动作。

第 11 章

11

海外仓的成本构成与
滞销处理

11.1　认识海外仓

海外仓就是指卖家在目标销售国家或地区的仓库。

卖家将货物提前存储到海外仓，当有订单产生时，可以直接从海外仓进行分拣、包装和配送，从而缩短配送时间，更快地将货物送到客户手中。有些海外仓还可以为卖家提供增值服务，如贴标、换标、组装、维修等。

海外仓主要有以下三种类型。

- **自建海外仓**：实力较强的大型企业或品牌商为了更好地控制供应链和物流环节，会选择自行在海外购买或租赁场地，建立自己的海外仓。这种方式需要投入大量的资金和人力，但好处是可以根据自身需求进行个性化的设计和管理。

- **第三方海外仓**：这是目前大多数中小跨境电商卖家的首选方式。这类海外仓具备规模化的仓储设施与成熟的物流配送服务，能够同时为众多卖家提供综合性的服务。第三方海外仓通常依据卖家存储的商品量来计费，包括货物的仓储空间占用、订单处理数量，以及物流配送次数等。这种计费方式可以让资金相对有限、业务规模波动较大的中小卖家根据淡旺季灵活调整仓储和物流需求。此外，还有一些小型的家庭仓，这类小型家庭仓虽然在服务效率上不如专业的第三方海外仓，但因为运营成本较低，价格更有优势。发货量较小的初创型卖家也可以选择可靠的家庭仓。

● **平台海外仓**：亚马逊的 FBA 仓库就是典型的平台海外仓。卖家将货物发往平台海外仓，平台会负责后续的订单处理与配送。使用平台海外仓通常能享受平台的一些政策优惠和流量扶持。不过，Temu 暂时还没有平台海外仓，现在在平台上看到的都是平台合作仓，也就是第三方海外仓。

传统的跨境物流方式，如国际快递、邮政小包等，通常需要较长的运输时间，而海外仓通过本地配送，一般只需要 3~5 天甚至更短的时间，就能将货物送到客户的手里。

此外，当货物批量运输到海外仓时，采用海运、空运等方式的头程运输成本较低。而且，在本地进行配送，物流费用也比从国内直接发货要低得多，尤其对于一些重量较大、体积较大的商品，海外仓的成本优势更明显。

11.2 海外仓的费用结构

11.2.1 基础仓储费用

仓储费用是海外仓费用的核心部分，通常根据货物所占用的仓库空间或重量来计算。

计费方式包括按立方米/立方英尺计费、按托盘计费或按件计费。费用可能按日、周、月或年收取，具体取决于海外仓服务商的政策。

许多海外仓为了吸引卖家，同时促进库存周转，往往会提供一定期限的免租期，但通常也会有一定的条件。

此外，免租期通常只免除仓储费用，其他费用仍需要由卖家承担。

11.2.2 头程运输费用

头程运输是指将货物从卖家所在国运输到海外仓的过程。运输有很多种方式，不同方式之间的费用差异明显。

- **海运**：海运费用较低，适合大批量货物运输。其费用通常由基本运输费用、附加费用构成。基本运输费用根据货物的重量或体积计算，例如从中国运往美国西部港口，每立方米基本运输费用可能为 100～300 美元。附加费用则包括燃油附加费用、港口附加费用、旺季附加费用等，这些费用会随着市场的波动而变化。

- **空运**：空运速度快，适合紧急补货或运输高价值、小批量货物。空运费用一般按货物重量计费，不过实际价格会因为航线、航空公司、货物重量等级等诸多因素有较大的波动。例如，一些热门航线在旺季时，空运费用就可能大幅上涨。此外，空运还会涉及一些特殊费用，比如安全检查费用、保险费用等。这些费用虽然较少，但在计算成本时还是需要考虑的。

- **快递**：快递时效性最强，如 DHL、FedEx 等国际知名快递公司，都提供门到门的快递服务。其费用通常按重量和距离计算，适用于小包裹或需要快速送达的货物。

11.2.3　关税费用

头程运输费用通常都已经包含了过境关税，所以，这里的关税费用主要是指进口关税。进口关税是进口国海关对进口货物和物品征收的关税，其税率设定极为复杂，通常依据商品的种类、原产地、交易金额等多种因素来确定。

- **商品种类**：不同类别的商品往往有不同的进口关税税率。例如，对于一些高科技电子产品，由于其技术含量高、附加价值大，部分国家可能会设定较低的进口关税税率，从而实现技术引进和产业升级。而对于一些可能对本国农业或制造业造成冲击的农产品或纺织品等，为了保护本国的相关产业，其进口关税税率可能会比较高。

- **原产地**：即使商品相同，因产地不同也可能有不同的进口关税税率。这主要与各国之间的贸易协定、贸易关系等因素有关。比如，两个签订了自由贸易协定的国家，相互之间的大部分商品可能都会享受较低的关税税率甚至零关税。对于没有特殊贸易关系的国家，在商品进口时，就可能会被征收较高的关税。

- **交易金额**：单次的交易金额直接决定了关税的计算基数，在其他条件不变的情况下，交易金额越高，需要缴纳的关税就越多。

海关一般都会秉持实报实销的原则，报关期间的相关费用由跨境电商的企业承担。不过，有些货代公司为了吸引客户，可能会提供"双清包税"的服务，即将关税费用包含在运费中，由货代公司负责清关和关税缴纳事宜。在这种模式下，卖家无须单独支付关税费用，货代公司会代为处理。

11.2.4　尾程运输费用

尾程运输费用，是指商品从海外仓运送到客户手中的费用。尾程运输费用通常由基础费用和附加费用组成。基础费用是根据商品的重量、体积、运输距离及承运商的费率标准来计算的；附加费用是根据商品的特性及运输要求而额外收取的。

以美国为例，小件商品通常是以盎司来计算运输费用的，1 盎司约等于 30 克，基本物流费用为 4～5 美元/盎司。如果货物较重，则按磅计费，1 千克约等于 2.2 磅。例如，一个 5 千克的包裹，如果按 11 磅计算，那么尾程运输费用为 12～13 美元。

如果配送范围包含偏远地区，那么尾程运输费用可能更高。

11.2.5　增值服务费用

部分海外仓为了满足卖家多样化的需求，还提供了诸多的增值服务，并收取相应的服务费用。

- **贴标换标费用**：在商品上粘贴或更换标签，每件费用为 0.1～0.3 美元。

- **商品组装费用**：对于一些需要组装的商品，海外仓会根据商品的组装难度收取相应的组装费用。

- **退货处理费用**：客户退货到海外仓，仓库人员需要对退货商品进行检查、重新包装等操作，海外仓会向卖家收取约定的退货处理费用。

卖家在选择海外仓时，应该多方对比，不同的海外仓在服务质量、仓储设施、地理位置及费用等方面都存在着显著的差异。

此外，海外仓的各项价格并非完全固定的，如果卖家有足够的货物量，那么可以通过谈判协商，争取更优惠的价格。

11.3　海外仓滞销商品的处理办法

卖家备货到海外仓，虽然能够降低运输成本，提高竞争力，但是，由于市场需求变化、商品定位不准或运营策略不当等原因，海外仓中难免会出现滞销商品。这些滞销商品不仅影响卖家的资金周转，还增加了额外的仓储费用。

面对海外仓中的商品滞销，卖家该如何处理呢？

（1）降价促销：通过参加 Temu 的促销活动，降低申报价，并且配置一定的广告预算，用价格换销量。

（2）多平台分销：除了 Temu，卖家也可以将商品在其他跨境电商平台上架销售。此外，卖家还可以借助一些海外分销平台，让其他跨境卖家进行分销，从而提高销售效率。部分海外仓也可以帮助卖家寻找客户。

（3）销毁处理：对于低价值、二次销售成本较高或者无法通过其他方式处理的滞销商品，卖家可以找海外仓进行销毁处理，避免造成更大的经济损失。

在处理海外仓滞销商品时，卖家应首先分析滞销原因，如竞争激烈程度、季节性、商品定位、定价等，避免未来再次发生滞销的情况。

第 12 章

Temu 从业者的个人 成长法则

12.1　是创业还是打工

是创业还是打工？这是很多年轻卖家都会纠结的一个问题。创业意味着拥有高度的自主决策权，而且一旦创业成功，收入就可能远超打工收入。年轻人敢想敢做总归是好的，但是要评估以下几个关键方面，才能做出最适合自己的选择。

（1）**经验与资源**：Temu 的竞争愈发激烈，卖家的运营难度越来越大，如果没有任何运营经验、供应链资源，在起步时就会略显艰难。此外，如果卖家和朋友合伙，就需要有一定的管理知识、财务知识，且彼此分工明确，否则可能会出现工作推诿、职责不清的情况。相比之下，卖家如果已经在其他公司积累了运营、管理相关的经验，创业成功的概率就会更高。

（2）**资金状况**：我们此前讲过 Temu 的回款周期，在投入资金不多的情况下，可能在很长一段时间内，随着商品数量的增加和销量的增长，利润都会再投入商品的采购中，卖家也可以理解为"也许能赚到钱，但在很长一段时间内都看不到钱"。此外，在创业初期，卖家可能会面临一段时间的亏损，要考虑清楚是否有足够的资金储备，既能够维持运营，也能够保证基本的生活所需。

（3）**风险承受能力**：创业会有诸多不确定性，卖家在创业前不能只想好的一面，也要考虑自己能否承受创业失败带来的压力，如商品滞销、资金链断裂、店铺资金被冻结等情况。如果卖家更追求安稳的生活，那么在工作之余把店铺运营当副业做会更好。

创业虽然有可能获得高回报，但是伴随着高风险和不确定性；打工相对稳定，而且能循序渐进地积累经验和资源。不过，无论选择哪条道路，都需要不断学习和提升自己。即使选择了打工，也不应该只是为老板打工，在工作过程中要多看、多学、多积累，为自己"打工"。

12.2　怎么选择适合自己的公司

12.2.1　城市选择

笔者在这里推荐 3 个城市：深圳、广州和义乌。

提到跨境电商相关的城市，很多人在第一时间想到的可能就是深圳。深圳作为"跨境电商之都"，供应链成熟，物流发达，靠近香港港口，国际物流效率极高。许多跨境电商的头部卖家，比如安克创新等，总部也都设立在深圳。在深圳寻找跨境电商运营相关的工作，会非常容易。许多卖家都知道拼多多的总部在上海，但 Temu 的总部并不在上海，Temu 的总部最初在广州，后来搬到深圳了。

广州的传统外贸基础扎实，服装、箱包等轻工类目优势明显，从场地成本和生活成本来看，广州的比深圳的更低，但两地之间的通勤往来非常便捷，这对准备创业或刚起步的中小卖家更友好，Temu 在广州有大量的国内仓库，非常适合 JIT 模式的卖家。

义乌以小商品批发闻名全球，商品种类繁多、价格低廉，涵盖了家居用品、玩具、饰品、文具等几乎所有小商品品类，而且得益于大规模的产业集群效应，义乌的商品在价格方面具有极强的竞争力。Temu 卖家可以通过丰富的 SKU 进行组合，满足不同客户的需求，并且借助义乌小商品市场成熟的贸易体系，卖家可以大大降低前期的试错成本。

深圳、广州和义乌都有自己独特的优势，这三座城市也都聚集了大量的跨境电商从业者，无论是在这里学习交流还是招聘人才，都非常合适。

12.2.2　公司规模

想进入跨境电商行业的新人，是选择大公司还是选择小公司？

笔者认为规模并不是选择的唯一因素，还需要结合自身优势与发展规划来权衡。

大公司的优势在于资源丰富，比如有合作稳定的工厂、成熟的运营流程，以及较为完善的培训体系。

在大公司，如果多学习观察，除了能够学到运营方面的知识，还能有许多别的收获。有些知识不是他人主动教的，而是我们在日常工作中，通过观察和思考逐渐积累的。比如，公司更新了绩效薪酬方案，我们可以通过这份方案来判断公司是怎么考虑的，以及看其他同事的状态变化，思考如果让我们制定绩效方案，应该怎么制定，怎么调整优化。再如，在参加公司的项目会议时，观察不同部门之间的沟通方式，以及项目负责人如何协调资源、推进项目进程。在大公司，学的是流程、机制和管理体系，逐渐为自己独立负责项目和管理团队积累经验。此外，借助大公司的平台，更容易接触一些"高段位"的人和资源。

小公司的好处是决策流程相对简单，员工可以主动参与公司运营的各个环节，并且小公司的内部竞争没有大公司激烈，很多想法都更容易得到重视和采纳。只要保持着良好的心态，在小公司学到的东西不一定比大公司少，而且小公司迫于生存压力，员工的成长可能并非个人意愿，而是"被迫成长"，一人身兼数职，要想办法在有限的条件下，达成既定的目标。

所以，到底是小公司好还是大公司好，并没有绝对的标准和定论。如果公司有以下的特点，那么可以优先选择。

（1）学习型组织。老板或上级领导有丰富的运营经验，且乐于分享和组织团队进行内部分享。

（2）上级领导愿意授权。如果你的领导愿意支持你做一些尝试，或者能够让你负责更多的工作，那么对你的成长会有很大帮助。笔者当年在某个互联网大厂工作时，仅用了一年时间，就从一线员工晋升到主管，再到城市经理。其中，离不开领导给予的机会，在很多时候领导会支持我按自己的想法去做，虽然我做得不对可能会被训，但是他会告诉我方法和改进方案。这对我后续的成长和职业发展有很大的帮助。

另外，大家在选择公司时，如果公司的制度混乱，内部钩心斗角且没有清晰的晋升通道，那么建议谨慎选择。

笔者认为，面对一份适合自己且对自己成长有帮助的工作，工作起来应该是充实的，也许会有些辛苦，但更多是身体上的，不应该有太多心理上的"精神内耗"。

这些大家也可以借助百度、小红书等平台提前查询一下，获取一些参考意见，部分大公司有内推机制，在成功通过面试入职后，也有机会和推荐人在同一个部门或小组。

12.2.3　公司模式

这里的公司类型是从运营模式上划分的，一般分为铺货型公司和精品型公司。铺货型公司通常借助 ERP 工具，员工每天上传大量的商品，通过 SKU 来覆盖市场需求。

以深圳为例，有些公司一天要上传 60～100 个商品。这种模式通过广泛地撒网来获取订单，可能比精品型公司在短期内更容易得到很高的销量或者利润。但是，精力分散在大量的商品上，且主要做的只是 ERP 工具的补充性工作，对个人成长而言，在选品、运营等核心能力上，并没有太大的帮助。随着 AI 工具的发展，眼下的工作早晚会被 ERP 工具所取代。

对于初涉跨境电商领域的从业者来说，如果选择加入铺货型公司，那么从长远发展来看，面临着工作内容被替代、个人成长受限等问题，而加入精品型公司，对自己的长远发展和能力提升会有更大的帮助。

12.3　运营新人的四重成长阶段

阿里巴巴集团有培养下属的"16 字真言"："我做你看，我说你听，你做我看，你说我听"，这其实也是我们对下属在不同阶段的能力的不同要求和检核方式。

那么，运营新人应该如何快速成长，尽快获得理想的销量或者利润呢？笔者总结了 16 字："先做少看，边做边学，小步快跑，复盘迭代"，这分别对应了卖家成长的四个阶段。

1．先做少看

万事开头难，很多事情不是难在后面所遇到的具体问题，而是难在开头。

不少卖家可能很早就关注到了 Temu，甚至在 2022 年 Temu 上线时就已经关注到了，但一直在犹豫要不要入驻，每次有入驻想法时，都习惯性地去网上看其他人的反馈，最后可能因为看到一些负面的案例，就不了了之了。

其实我们只要做好两个判断：第一，目前这个平台的稳定性如何；第二，对于一个电商平台而言，最重要的莫过于流量，那么现在其流量如何？

第一个问题，Temu 背靠国内头部的电商平台拼多多，本身也是上市公司，稳定性不言而喻；第二个问题，现在 Temu 覆盖全球众多国家或地区，2024 年就曾经成为全球下载量最高的应用程序，全球月活跃客户数量已超过亚马逊，必然有足够大的流量。

接下来，卖家要先开店，执行基础操作，否则光看网上的反馈，就像小马过河一样，老牛说水浅，刚没过小腿，松鼠说水深，自己的同伴就淹死在这条河里。只有自己做了，才能对平台规则、运营难易程度有自己的认知。

2. 边做边学

卖家在自己的实操摸索过程中，已经对平台的实际情况有了一定的了解，对网上的各类信息能够做出一定的判断。从这个阶段开始，新人需要的不是创新，而是大量模仿。

一是模仿其他做得好的店铺。看别人的上品节奏、商品标题的写法、商品图片的特点，以及营销活动的参加情况和广告的投放情况等。卖家要注意，在对标过程中，尽量选择和自己运营类型（如垂直店铺、杂货铺）、模式（全托管模式、半托管模式）相同的店铺，这样的店铺更有参考性。

二是模仿其他卖家的运营思路。通过参加平台的课程、与其他卖家交流、学习社交媒体上分享的某些运营思路，在实践中检验，逐渐积累自己的店铺运营经验。

3．小步快跑

小步快跑的目的是降低试错成本，并通过大量的测试，在更短的时间内丰富自己的运营经验。

卖家所有的判断都应该尽可能避免主观喜好，应该紧紧围绕销售数据和反馈来展开。比如，卖家发现某个细分类目可能比较容易通过核价，就大量上传该细分类目的商品，但核价不是目的，卖出去才是目的。卖家如果此前没有销售该类目的经验，那么可以对该类目的商品和客户需求进行调研，并选择四五款该细分类目的商品上架售卖，观察后续的销量和买家反馈，再决定是否加大投入，以及如何优化选品逻辑。在取得正向反馈后，甚至可以单开一个垂直店铺。

4．复盘迭代

如果我们只是埋头做事，就很难发现运营过程中存在的问题，而想要发现这些问题，最好的方式就是复盘。

笔者建议大家在复盘时，尽量写出来或者用电脑制作文档，这会更有利于将碎片化的经验沉淀为可复用的运营 SOP，并且卖家可以通过对文档内容的调整，写下自己的改进计划和优化方向，从而完成从想法到实践的闭环。

如果不擅长写东西也没有关系，不是要写得多好，而是要养成梳理思路的习惯，将自己想到的都先写下来，再去调整优化逻辑。

许多人可能会习惯性地借助 AI 工具，但是对这个过程建议不要使用 AI 工具，特别是不要借助 AI 工具写大纲，否则只会限制自己的思考，无法输出自己的思路，而是在按照 AI 工具生成的大纲做"填空题"。

第 13 章

13

团队管理与薪酬绩效

13.1 运营团队的高效组建方法

笔者将运营团队的组建分为两个阶段。第一个阶段是起步阶段（初创期），比如公司刚开始转型做跨境电商，在这个阶段，团队内部可能并没有成熟的运营人员。第二个阶段已经步入正轨（发展期），团队内部有相对成熟且稳定的运营人员。在这两个阶段，团队组建和管理的侧重点是有所不同的。

这部分的内容主要针对工厂或公司型卖家，个人卖家不用急于招聘或组建团队，可先自学实操，待把模式"跑通"、收入稳定且人手不足时，再考虑招人。

1. 初创期

工厂或公司此前没有跨境电商运营团队，希望组建运营团队，在这种情况下，有两种团队组建方式。

第一种是先招聘一名有运营经验的管理人员，然后由其负责招聘两名运营人员。这样做的好处是避免老板自己不懂运营，在管理上缺少相应的切入口，比如制定的绩效方案可能与实际情况脱节，并不能起到正向激励的作用。

第二种是招聘两名有经验的运营人员，让其直接向老板汇报。在中小企业的管理中，老板的精力放在哪里，哪里就更容易得到好的结果。许多工厂向工贸一体转型的过程，往往会以失败告终，核心原因就是老板的重视度和支持力度不够，导致跨部门协同遇到相当多的阻碍。

大家可能发现了，这两种方案的运营人员都是两人，这是因为如果业务想要尽快得到好的结果，最好采用赛马机制，两人之间既能有一定的竞争，又能有一些方法上的交流。如果只是一个人，在一段时间内工作没有达到预期，他可能就会"摆烂"。当然，具体实施时也要有基于整体的预算，制定符合实际情况的团队组建方案。

此外，可能有读者听过"阿米巴经营模式"，阿米巴经营模式的核心是让企业内的每个小组织都有经营意识，实现全员参与、共享收益。很多老板采用"阿米巴经营模式"，更多只是希望降低前期的成本投入，这样很可能会适得其反。大部分人往往只相信自己能看得到的。在业务起步阶段，各方面都不稳定，公司用"低底薪、高分红"的方式可能很难招聘到优秀的员工。在业务逐渐成熟，公司与员工之间有一定信任感后，对于优秀的人才，可以考虑直接将其吸纳为合伙人。

2．发展期

当团队内部逐渐稳定，也有了不错的业绩后，主要做的就是完善内部的架构和体系建设，比如内部的人才培养体系、组织架构和晋升机制等。卖家要多鼓励团队内部分享，并且将好的运营流程、管理方法标准化，这样才能更快地培养新人和组建自己的人才梯队。

除此以外，卖家还可以在西安、长沙等高校毕业生较多的城市设立新的运营中心，从而降低整体的运营成本。当然，这种方式需要卖家有一定的店铺规模，建立了自己的标准运营流程和管理机制，否则跨城市运营会很考验卖家的管理能力。

13.2　绩效设计与薪酬体系

13.2.1　工资发不好，员工容易跑

合理的薪酬体系不仅能够降低员工的流失率，还能很好地激发员工工作的积极性。薪酬体系要尽可能保持稳定，避免频繁波动所产生的一系列问题，但作为管理者，也要结合项目的整体推进情况、团队的状态，适时地做出相应的调整。

初创期的岗位多为基础岗位，建议采用"底薪+绩效"的模式。底薪可以参考当地市场的平均水平，确保能够保障员工的基本生活。以深圳为例，Temu运营基础岗位的底薪为4500元左右。绩效部分可以与关键指标挂钩，如商品上架数量、店铺周转率、热销款数量等。不过，在初期，笔者不建议用过于复杂的计算公式，要尽可能简单直接，这一方面能明确各阶段主抓的考核项，另一方面便于员工快速理解，用绩效提高员工的工作积极性。例如，完成月度考核目标可获得2000元绩效奖金，对超额完成部分阶梯式奖励对应的金额。这种模式既能控制成本，又能通过明确的奖励机制激发员工积极性。

随着岗位的细化，以及人才梯队的组建，发展期的团队需要逐渐增加长期激励。此时，对于成熟的运营人员，可以采用"底薪+项目分红+股权/期权"的组合。例如，底薪可以按照等级定级定薪，每半年评估一次，等级提升对应底薪涨幅10%～15%。项目分红可根据季度销售额达成率计算（如完成目标的120%则奖励5%的利润）。同时，给予核心员工一定的股权或期权，绑定长期利益。在项目分红和股权、期权方面，也可以注册子公司，让公司和员工共同占股，或者用有限合伙企业占母公司股的方式来实现分配，增强员工归属感。这种多元化的薪资结构，既能留住人才，又能推动团队向更高的绩效目标冲刺。

在制定薪酬绩效时，要注意避免两种极端：一是在前期过度压低底薪，导致员工缺乏安全感，招人难，人员流失率高；二是绩效指标项设置不合理，如公司提成与销量或销售额关联，对利润率却没有相关约束，导致员工没有成本意识，公司亏损严重，而后续进行绩效改动时，可能就会引发员工不满，造成团队波动。建议通过调研当地同类公司的薪资结构，结合自身利润空间与当下主抓的目标，制定合理的薪酬考核方案。

13.2.2　绩效设置的 3 大注意点

1. 绩效指标的关联性

绩效指标应当与公司当前的核心目标强关联。许多中小企业的管理者，在设定绩效指标考核时，总在尽可能追求"全面"，但往往对核心目标的贡献甚微，或者与其关联性并不强。

例如，现在一家贸易型公司刚转型做 Temu 运营，希望尽快获得销量或利润。如果当下的主要目标是先实现盈亏平衡，运营人员的绩效指标就可以紧密围绕销量和回款额。也可以设置一些激励性的方案，如达到多少销量奖励多少钱，每出现一个热销款标识奖励多少钱等。

如果担心员工钻漏洞，那么可以将商品分为流量款和常规款，以全托管模式店铺为例，流量款就是毛利率低于 25% 且毛利低于 5 元的商品，毛利率和毛利高于流量款的就是常规款。

为什么不设置利润款？因为在起步阶段，核心目标是尽快实现盈亏平衡。所以，在起步阶段划分出利润款的意义并不大，前期应允许员工在公司利润的最低标准线之上，做一系列运营动作，快速提升销量。当然，我们可以另外设置长期的提成奖励，对员工所创造的利润给予相应的提成，以此引导员工不要为了销量而直接调低申报价。

在实现盈亏平衡后，结合公司下一个阶段的目标，可以再调整相应的主要绩效指标，从而更好地发挥绩效的引导作用。

2. 绩效方案的激励性

对于中小企业而言，制定绩效方案应秉持简洁明了的原则，避免陷入复杂烦琐的设计误区。过于复杂的绩效方案，会让员工产生理解障碍，模糊了努力与回报之间的联系，进而削弱了对员工的激励作用。

绩效方案需要考虑公司的成本，但花同样多的钱，效果可能截然不同。判断一份绩效方案是否合格，关键在于这份方案能否激发员工的工作积极性。

例如，部分管理者在设计绩效方案时，为了权衡多方面的因素，甚至将绩效奖励设置成函数。对于大型且人员综合水平较高的团队，这种方案未尝不可，但中小企业用这样的方案，完全属于"劳民伤财"，员工看不懂，相关部门的计算过程也耗时耗力。

在绩效方案中，最好能呈现相应的预期收入，从而帮助员工看得更清晰。如本月销售额达到50万元，若提成比例设定为3%，则员工可获得1.5万元的奖励。这种简洁的呈现方式，能让员工迅速明晰自己努力所能带来的实际收益，激励他们积极工作，不断挖掘销售潜力。当然，公司在设定提成比例等激励参数时，需综合考量成本结构与利润预期，一定要遵守"多劳多得"的原则。

3. 绩效考核的公平性

中小企业在绩效考核的过程中，应尽量减少人为因素的干扰，防止管理者因个人主观偏好影响考核结果的公正性。有时候，并非管理者有所偏袒，但如果没有数据支撑，只是主观评分，就可能引发团队内部一些不必要的流言蜚语，甚至影响团队的积极性。

　　绩效考核应该严格"用数据说话",而且这些数据都要有明确的出处且可量化。同时,不同部门之间的衔接,也可以在绩效方案上有所体现和关联,推动团队协作和配合,避免奖励失衡导致员工产生心理落差。